名师名校名校长

凝聚名师共识
回应名师关怀
打造名师品牌
培育名师群体

程晚逸书

小学数学教学与数学文化的对话

车文胜 陈安娜 赵丽娟 / 编著

中国出版集团 现代出版社

图书在版编目（CIP）数据

小学数学教学与数学文化的对话 / 车文胜，陈安娜，

赵丽娟编著. — 北京：现代出版社，2023.3

ISBN 978-7-5231-0240-4

Ⅰ . ①小… Ⅱ . ①车… ②陈… ③赵… Ⅲ . ①小学数

学课－教学研究 Ⅳ . ①G623.502

中国国家版本馆CIP数据核字（2023）第045496号

小学数学教学与数学文化的对话

作　　者　车文胜　陈安娜　赵丽娟

责任编辑　窦艳秋

出版发行　现代出版社

地　　址　北京市安定门外安华里504号

邮政编码　100011

电　　话　010-64267325　64245264

网　　址　www.1980xd.com

印　　制　北京政采印刷服务有限公司

开　　本　710mm×1000mm　1/16

印　　张　11

字　　数　176千字

版　　次　2023年3月第1版　　2023年3月第1次印刷

书　　号　ISBN 978-7-5231-0240-4

定　　价　58.00元

目 录
CONTENTS

第一章
绪 论

01

《义务教育数学课程标准（2022年版）》中指出："数学不仅是运算和推理的工具，还是表达和交流的语言。数学承载着思想和文化，是人类文明的重要组成部分。"小学数学教学只有浸润了数学文化，才能更凸显数学教育的价值，才能更好地落实立德树人的根本任务，发挥素质教育的育人功能。

第一节　小学数学教学

数学是研究数量、结构、变化、空间以及信息等概念的一门学科，古希腊学者视其为哲学之起点、"学问的基础"。在人类历史发展和社会生活中，数学发挥着不可替代的作用，它也是学习和研究现代科学技术必不可少的基本工具。

《义务教育数学课程标准（2022年版）》（以下简称《数学课程标准》）中指出："数学是研究数量关系和空间形式的科学。数学源于对现实世界的抽象，通过对数量和数量关系、图形和图形关系的抽象，得到数学的研究对象及其关系；基于抽象结构，通过对研究对象的符号运算、形式推理、模型构建等，形成数学的结论和方法，帮助人们认识、理解和表达现实世界的本质、关系和规律。数学不仅是运算和推理的工具，还是表达和交流的语言。数学承载着思想和文化，是人类文明的重要组成部分。数学是自然科学的重要基础，在社会科学中发挥着越来越重要的作用，数学的应用渗透到现代社会的各个方面，直接为社会创造价值，推动社会生产力的发展。"新一代信息技术引发的问题，包括大数据和人工智能等，对数学提出了强有力的挑战，也为数学的发展创造了机遇，使数学研究与应用的领域得到极大拓展。

小学数学是通过教材，教小学生关于数的认识、四则运算、图形和长度的计算公式、单位转换等一系列知识，为初高中的数学学习和日常生活的计算打下良好的数学基础。荷兰教育家弗赖登塔尔认为："数学来源于现实，也必须扎根于现实，并且应用于现实。"现代数学要求我们"会用数学的眼光观察现实世界，会用数学的思维思考现实世界，会用数学的语言表达现实世界"。

当前，新一轮课程改革正在深入推进。教学改革带来学习方式的新变化，优化课堂生态环境，为学生自主、合作、探究学习提供宽广的舞台，促进学生主动发展和个性发展。同时，教学改革又促使教师的观念更新和教学行为的转变，带动教师专业发展，实现教师与新课程改革共成长。在新课程理念的指导下，作为教研工作者和一线教师的我们，要紧密结合本地实际，遵循课程标准的要求，充分发挥主观能动性，努力追求小学数学教学的新局面。

一、坚持理念先行，明确数学教学的价值取向

《数学课程标准》提出的课程理念是：使得人人都能获得良好的数学教育，不同的人在数学上得到不同的发展。它所阐明的正是数学课程的基础性、普及性及发展性。

1. "人人都能获得良好的数学教育"

每个人的生活经历、生活环境、个人追求各不相同。因此，我们强调人人都能获得良好的数学教育，并非每个人都需要获得"科学家的数学"，而是更侧重体现"大众数学"的必要性，以提高全民的数学素养。

2. "不同的人在数学上得到不同的发展"

建构主义提倡在教师指导下的以学生为中心的学习，学生通过一定的情境（即社会文化前景），借助其他人（包括教师和同学）的帮助，利用必要的学习资料，通过意义建构方式而获得教育。

二、彰显以生为本，转变学生的学习方式

学生是数学学习的主体，在积极参与学习活动的过程中不断得到发展。学生获得知识，必须建立在自己思考的基础上，可以通过接受学习的方式，也可以通过自主探索等方式。

小学数学教学中，教师要以生为本，从传统的传递知识的权威转变为学生学习的辅导者，成为学生学习的高级伙伴或合作者，即教师是学生的引导者，并且监控学习和探索的责任也由以教师为主转向以学生为主，最终要使学生达到独立学习的程度。

新课改提倡的学习方式主要是自主探究性学习。我们坚持教学相长，

注重启发式、互动式、探究式教学，遵循教育教学和学生身心发展规律，注重面向人人，注重因材施教，注重培养学生的学习兴趣、学习习惯、学习方法、学习能力和探索精神，努力构建具有自己特色的创新型课堂教学模式。

三、聚焦核心素养，发展学生的数学思维

数学是基础教育阶段最为重要的学科之一，基础教育阶段数学教育的终极培养目标可以描述为：会用数学的眼光观察现实世界，会用数学的思维思考现实世界，会用数学的语言表达现实世界。数学的眼光是数学抽象，数学的思维是逻辑推理，数学的语言是数学模型。

教师要聚焦核心素养，在加强学生对基础知识、基本技能理解和掌握的同时，更要注重认知结构的建立和完善，突出知识的"生长点"和"延伸点"，让学生在学习过程中感悟数学知识的本质、联系以及其中所蕴含的基本思想和基本活动经验。《数学课程标准》指出：小学阶段，核心素养主要表现为：数感、量感、符号意识、运算能力、几何直观、空间观念、推理意识、数据意识、模型意识、应用意识、创新意识。

四、推进深度学习，提升学生的数学素养

数学是研究数学关系和空间形式的学科。数学的本质包含研究数学所依赖的基本思想，它藏在数学深度学习的线索中，不断建构和延展数学内容。

深度学习是一个在教师组织下，学生围绕具有挑战性的学习主题，全身心地积极参与、体验成功、获得发展的有意义的学习过程。在这个过程中，学生掌握学科的核心知识，理解学习的过程，把握学科的本质及思想方法，形成积极的内在学习动机、高级的社会性情感、积极的态度、正确的价值观，成为既具有独立性、批判性、创造性，又有合作精神、基础扎实的优秀的学习者，成为未来社会历史实践的主人。

教师要探寻学生的思维活动轨迹，推进深度学习；追求关注数学本质的教学设计，追求项目式深度学习的教学设计，追求基于学生前结构水平的教学设计；促进学生在任务（或问题）驱动下进行尝试探究、展示交流、反思调整、不断进阶，进而提升学生的数学素养。

综上所述，小学数学教学的目的在于培养学生综合运用有关知识与方法解决实际问题，培养学生的问题意识、应用意识和创新意识，积累学生的活动经验，提高学生解决现实问题的能力。而数学文化是数学教学的升华，是校园文化的瑰宝。只有在数学教学中浸润数学文化，让学生了解在人类文明发展中数学的作用，感受数学家治学的严谨，体会数学的应用价值和人文价值，寻找数学进步的历史轨迹，欣赏数学之美，才能激发学生学习数学的兴趣，发展学生的数学思维，提升学生的数学素养。

第二节　数学文化

何谓文化？广义的文化指一切非自然的，即由人类创造的物质财富和精神财富。狭义的文化指由意识形态所创造的精神财富。文化是由人所创造，为人所特有的。

那么，数学文化又是什么呢？数学文化穿越历史的隧道。《数学课程标准》中强调："数学承载着思想和文化，是人类文明的重要组成部分。""数学素养是现代社会每一个公民应当具备的基本素养。""数学文化"一词能得到社会的公认也确见其基础。数学文化的内涵见下表。

来源	数学文化的内涵
郑毓信	所谓数学文化，是指以数学家为主导的"数学共同体"所特有的行为、观念、态度和精神等，也即是指数学共同体所特有的生活或行为方式，或者说是特定的数学传统
顾沛	狭义的数学文化是指数学的思想、精神、方法、观点、语言，以及它们的形成和发展；广义的数学文化除上述内涵外，还包含数学家、数学史、数学美、数学教育、数学与人文的交叉、数学与各种文化的关系等
代钦	数学文化是数学知识、思想方法及其在人类活动的应用以及与数学有关的民俗习惯和信仰的总和，具有规范特征、审美特征、认知特征、历史特征、价值特征

郑毓信教授认为，数学文化是"以知生情"。笔者认为，数学作为抽象性极强的学科，激活学生思维，决定着数学文化的品质。因此，数学更多的是希望学生养成一种新的精神：后天养成的理性精神（这是与原始人类所普遍持有宗教迷信或者说对大自然的敬畏心理直接相抵触的）；一种新的认识方式：客观地研究（这就与所谓的"天人合一""天人感应"构成了直接的

对立）；一种新的追求：超越现象以认识隐藏于背后的本质（是什么，为什么）；一种不同的美感：数学美（罗素形容其为"冷而严肃的美"）；一种深层次的快乐：由智力满足带来的快乐，成功以后的快乐；一种新的情感：超越世俗的平和；一种新的性格：善于独立思考，不怕失败，勇于坚持……

　　数学文化既包括外在氛围的营造，又包括数学课堂上内在的浸润。笔者认为，除了打造"数学味"的校园环境外，还可以在学生的活动中潜移默化地推广数学文化，把实施数学课外活动与传播数学文化结合起来，促进形成一种新型的教育教学模式。如果说数学活动是用来渲染数学文化的氛围，那么数学课程则是用以夯实数学文化的载体。课程的实施在课堂，所以，数学文化的生长点也在课堂。课堂是文化交流、传播的主场所。我们认为，在课堂教学中巧妙地融入数学文化，可以丰富数学教学，较好地促进学生知识生长点的生成，唤起学生对数学的思考，给数学课堂带来生机和张力。通过师生的双边互动、合作交流和自主探究，学生在获得对数学理解的同时，其思维能力、情感态度与价值观等方面都得到进步和发展。由此可见，数学文化所蕴含的价值、意义和精神是在师生互动时由学生内化生成的。数学文化对课堂的浸润是一种"润物细无声""无声胜有声"的效果。

第三节　小学数学教学与数学文化的关系

如前所述，小学数学教学要真正达到《数学课程标准》的要求，数学校园文化的建设是有力的通道；然而，数学校园文化的建设又依赖于大数学课程观提升品位，小学数学教学与数学文化相互润泽。

如何实现小学数学教学与数学文化的相互润泽？本书从以下三个方面进行阐述。

一、课堂教学的革命

课堂教学是一种由有目标、有计划、有组织、有步骤的教师"教"与学生"学"构成的双边活动，是教育教学中普遍使用的一种手段，它是教师给学生传授知识和技能的主要过程。但是现在的课堂教学存在着一定的弊端：有的教师教学方法单一、枯燥，容易使学生失去学习兴趣；有的教师只注重知识与技能的教学，忽视数学思想方法的渗透；课堂教学时间有限，不能充分地适应学生的个别差异；教学地点、教学空间有一定的局限性，不能让学生充分经历数学活动的过程，不能让学生积累丰富的数学活动经验。课堂教学的革命势在必行，而数学文化的建设是课堂教学革命的有力通道。

小学数学教学内容中无处不渗透着数学文化的内涵：数学思想方法、数学应用价值、数学历史文化、数学美感渗透等。《数学课程标准》中指出：内容设计要反映数学在自然与社会中的应用，展现数学发展史中伟大数学家，特别是中国古代与近现代著名数学家，以及他们的数学成果在人类文明发展中的作用，增强学生的爱国情怀和民族自豪感。如介绍《九章算术》《几何原本》、珠算、机器证明、黄金分割、计算机层析成像（CT）技术、大数据等内容，以及祖冲之、华罗庚、陈景润等数学家的事迹。

在课堂教学中，我们可以充分地利用教材已有素材，挖掘新的素材，进行数学文化的浸润；也可以在问题情境中浸润数学文化，在概念教学中浸润数学文化，在知识拓展中浸润数学文化，努力做到数学教学与数学文化的相互整合、相互润泽。

二、综合实践的构建

综合实践是用活动实践的形式来理解数学、感悟数学、学习数学的学习方式。数学的实践，让数学课程拥有丰富的学科体验，是一种基于学生经验的理想课程。教学实践表明，"数学实践"贴合学生的学习诉求，让学生体验研究历程、锤炼思维能力、化解教学难点，能真正提高学生的学习兴趣和学习效率。

《数学课程标准》中阐述到：综合与实践以培养学生综合运用所学知识和方法解决实际问题的能力为目标，根据不同学段学生特点，以跨学科主题学习为主，适当采用主题式学习和项目式学习的方式，设计情境真实、较为复杂的问题，引导学生综合运用数学学科和跨学科的知识与方法解决问题。

通过对人教版1至12册教材的梳理，我们发现"综合与实践"内容能极好地体现校园数学文化，校园数学文化的建设以数学教学为基石，在课堂学习中对学生进行数学文化教育和渗透；同时，"综合与实践"内容又得以向校外延伸，两者相辅相成、相得益彰。每一个"综合与实践"教学内容都会提炼出富有数学文化气息的典型教学案例，让学生在完成学科知识的同时，能在潜移默化中感受到数学校园文化的熏陶。

三、校园文化的营造

校园文化是学校发展的灵魂，是凝聚人心、展示学校形象、提高学校文明程度的重要体现。校园文化对学生的人生观、价值观产生着潜移默化的深远影响。健康、向上、丰富的校园文化对学生的品性形成具有渗透性、持久性和选择性，对于提高学生的人文道德素养、拓宽学生的视野、培养跨世纪人才具有深远意义。

对于小学数学文化的建设，我们提出：其一，以数学课程为载体，夯实数学文化的基础：充分研发校本资源，选择学生喜闻乐见、耳熟能详的数学文化知识作为内容，主动传播，形成强有力的视觉和听觉的数学文化磁场，让学生时刻感受到"数学文化"的存在。其二，以数学活动为契机，渲染数学文化的氛围：通过形式多样、生动活泼的数学活动，丰富了学生的数学生活，拓展了他们的思维，让学生在不知不觉中感受到数学文化的存在，感受数学文化的无穷魅力。其三，以信息技术为平台，增强数学文化的分享：随着以多媒体技术为核心的信息技术的不断发展，以信息化推动教育现代化已不再是一句口号，信息技术对学校教学方式的改变、校本课程的开发应用，起到了有力的促进作用。利用网络资源共享，有效传播数学文化，达到激发学生学习数学的兴趣，提高学生学习数学能力的目的。

为了更好地应对未来的挑战，十几年来，21世纪核心素养引起了全球关注，甚至成为许多国家或地区制定教育政策、开展教育改革的重要依据。2018年，北京师范大学中国教育创新研究院正式对外发布"21世纪核心素养5C模型"。5C指的是文化理解与传承、审辩思维、创新、沟通、合作。五大要素之间既各有侧重，又互相紧密关联，其中文化理解与传承为核心。该模型兼具国际视野和中国特色，为全球核心素养教育提供了一份"中国方案"。

02

第二章

当前小学数学教学的现状、分析与解决策略

传统的数学课堂以教师讲授为主，学生不需要思考，不需要探究，不需要动脑，只要做一只"被填的鸭子"即可。这样"满堂灌"的教学方式，只能让师生都累，严重影响师生的身心健康和学习工作效率。在这样的数学课堂上，小学生的数学学习真正发生了吗？

综观当下一些教师的课堂，类似"对不对啊""明白了吗""听懂了吗"的现象实在不少，笔者结合一些教学案例和现象，对当前小学数学教学的现状加以分析。

第一节　当前小学数学教学的现状与分析

一、重数学现象，轻数学本质的揭示

【教学案例】五年级下册第六单元"分数的加法和减法"

课的伊始，老师借助课件，出示了书中的例题及问题：爸爸妈妈一共吃了这张饼的几分之几？

教师请学生列出算式，并板书：$\dfrac{3}{8}+\dfrac{1}{8}$。

师：$\dfrac{3}{8}+\dfrac{1}{8}$是多少？你们会算吗？你们是怎么想的？

生：我是想3个$\dfrac{1}{8}$和1个$\dfrac{1}{8}$合并起来就是4个$\dfrac{1}{8}$，也就是$\dfrac{4}{8}$，约分后等于$\dfrac{1}{2}$。

生：我看它们的分母相同，都是$\dfrac{1}{8}$，所以分母不变，直接把分子相加，3+1=4，所以是$\dfrac{4}{8}$，也就是$\dfrac{1}{2}$。

教师给予肯定，并引导学生小结同分母分数加法的计算法则：分母不变，分子相加。

案例分析：同分母分数加减法的计算方法在三年级上册"分数的初步认识"单元，学生已经学习过，此处再次出现，学生均能很快地独立做出，并总结计算法则。可是，既然已经学习过，为什么五年级下册教材中还要将其作为新的例题出示呢？为什么同分母分数分子相加，分母不变呢？异分母分数加减法为什么一定要通分成同分母分数后才能加减呢？《教师教学用书》中明确指出：学生已经会计算简单的同分母分数加减法，这里让学生结合分数的意义理解算理，进而总结一般算法。由此可见，本节课的主要目标是理解算理。那么，分数加减法的计算算理是什么呢？应该是：分数单位相同的分数可以直接相加。分母相同，也就是分数单位相同，所以可以把分子直接相加减；分母不相同，也就是分数单位不相同，不能直接相加减；通分的目的就是统一分数单位。但是，很多教师在上课时，只触及数学的表面现象，即"分母相同，所以分母不变，分子相加减"，并未揭示数学的本质——算理。史宁中教授说过：算理比算法更重要，理解了算理，算法也就简单了。如何引出算理？下面是笔者的教学尝试。

【课堂实录】

仍然以书中例题为教学素材，从学生说出"我看它们的分母相同，都是 $\frac{1}{8}$，

所以分母不变，直接把分子相加，3+1=4，所以是 $\frac{4}{8}$，也就是 $\frac{1}{2}$"开始。

师："你们和他想的一样吗？你们对他的算法有什么问题吗？"

同学们纷纷摇头，还有几个心直口快的学生说着"没有问题"。讲台上的老师没有说话，静静地等待着，教室里安静了一会儿……突然有个男孩举起了手，说："我想问问，为什么分母不变呢？"

师："提出问题比解决问题更重要，而且这真是一个非常有价值的问题啊！其实我想提的问题和他一样，为什么分母不变呢？"

班级里安静了一会儿，学生发言："分母相同，表示分数单位相同；分数单位相同，就可以直接加了。"

同学们都很赞同这位同学的发现。

师："还有同学有问题吗？"

生："为什么分数单位相同，才能直接相加呢？"

同学们思索了一会儿，有学生发言："我们在计算整数加法时，几个一加几个一，几个十加几个十，都是相同计数单位相加。"

另一位学生受到启发，补充道："在计算小数加法时，小数点对齐，这样几个一加几个一，几个0.1加几个0.1，也是相同计数单位相加。"

通过学生的举例，同学们明确并理解了：相同计数单位才能相加减。

接下来的这节课很是顺畅，学生自己概括出了同分母分数加减法的计算法则。下课了，老师走出教室，还有两个男生追着老师问："老师，同分母分数可以直接相加，那分母不同的分数是不是要先通分，然后再加呢？"

师："为什么要通分，干吗不直接相加呢？"

生："刚刚上课讲了，分数单位相同才能直接相加减啊。分母不同，分数单位也就不相同，不能直接相加啊！"

师："那为什么要通分呢？"

生："嗯……哦，我知道了，因为通分之后，分数单位就相同了，就可以相加了啊！"

师："哇，你可真会举一反三，这可是我后天要讲的新例题呢。"

课后反思：仅仅关注数学现象，学生只能依葫芦画瓢，学习了同分母分数，只会计算同分母分数；而揭示了数学本质，学生在理解算理的基础上能够举一反三，由同分母分数的计算类推到异分母分数加减法的计算，并能将分数加减法与整数加减法、小数加减法的算理串联起来，真正地融会贯通。

我们再来看另一个案例。

【教学案例】六年级下册第三单元"圆柱与圆锥"

师：同学们，这节课我们来研究圆锥的体积。请同学们拿出等底等高的圆锥和圆柱。

师：先在圆柱里装满沙子，然后慢慢地把沙子倒入圆锥里，看看圆柱里的沙子能装满几个圆锥？

学生动手操作。

学生汇报：我发现圆柱里的沙子，整整装了三个圆锥那么多，所以圆柱体积是圆锥体积的3倍。

师：很有价值的发现啊！再请同学们把圆锥里装满沙子，然后倒入圆柱里，看看几次能把圆柱装满？

学生动手操作。

学生汇报：把圆锥里的沙子倒入圆柱中，整整倒了三次才把圆柱装满，所以圆锥体积是圆柱体积的 $\frac{1}{3}$。

师：你们说得对，但是一定要加上一个前提——等底等高，也就是说，圆柱的体积是与它等底等高的圆锥体积的3倍；圆锥的体积是与它等底等高的圆柱体积的 $\frac{1}{3}$。还记得圆柱的体积如何计算吗？那么圆锥体积的计算公式也就是……

案例分析：这样的教学现象在课堂上经常发生，执教老师通常很有成就感：学生通过自己动手操作发现了数学知识，这充分体现了学生的主体性啊！在接下来的巩固练习中，学生计算圆锥体积也很熟练。可是仔细想想：这样的课堂确实是以学生为主体的吗？为什么学生在汇报结论时都会忽略"等底等高"？重新审视案例，我们会发现"课堂实验如此轻松地得到结论"的原因是教师已经明确了实验器材就是"等底等高的圆柱和圆锥"，而且教师已经把实验的步骤、方法讲解得如此清晰，学生不过是动手操作、倒倒沙子而已，"3倍"或是" $\frac{1}{3}$ "的结论自然很容易得到。可是仔

细想想：教材中为什么要求学生准备等底等高的圆柱和圆锥呢？因为这样的实验器材排除了不同底和高的因素干扰，同时引导学生在不变中发现变的规律。那么，学生都能自己想出这样的实验器材吗？笔者做过实验：第一天布置作业时只说明明天要探究圆锥的体积，请同学们带上圆柱、圆锥和沙子；第二天上课时一看，只有几个学生准备的是等底等高的圆柱和圆锥，大多数学生准备的都是毫无关联的圆柱和圆锥，这样的实验器材当然无法得出圆锥体积的计算公式。

由此可见，上面案例中的实验不过是假实验罢了，学生仅仅是按照教师的要求动手操作，教师关注的是数学现象；而数学的本质"在不变中发现变的规律"并没有揭示，学生的基本活动经验并没有得到积累，如果出现"不等底"或者是"不等高"的情况时学生就手足无措。下次要探究其他物体的体积计算公式时，学生就会无从下手，只能再次机械地执行教师的"操作要求"。

特级教师徐长青曾说：我们要透过数学的现象，发现数学的本质。这也是数学学习的真谛。

二、重基础知识，轻数学知识的发现

【教学案例】四年级下册第六单元"小数的加法和减法"

课件出示例题：3.2＋0.5○0.5＋3.2

（4.7＋2.6）＋7.4○4.7＋（2.6＋7.4）

师：请同学们动笔算一算，看看每组算式两边的结果相等吗？

学生计算，然后汇报。

师：通过刚才的计算，我们有什么发现？

生：我发现每组算式两边的结果是相等的。

生：我发现小数加法中也可以应用加法的交换律和结合律。

师：对，整数加法的交换律、结合律对小数加法同样适用。我们来做几道练习题。

课件出示：（1）6.7＋4.95＋3.3＝6.7＋□＋4.95

（2）（1.38＋1.75）＋0.25＝□＋（□＋□）

师：在□里填上适当的数。

案例分析：从知识目标上来看，这节课完全可以达到目标，学生能够理解整数加法运算定律对于小数加法同样适用，也能运用加法运算定律进行简便运算；但是，从能力发展目标来看，学生只是机械地执行教师布置的一个个任务：计算→比较→归纳→巩固练习，学生的思维能力并没有得到发展。学生缺少发现数学知识的过程。学生只是课堂上一只只"被填的鸭子"而已。

细想一下：如何引导学生发现整数加法运算定律可以推广到小数加法？为什么要将整数加法运算定律推广到小数加法？笔者尝试了以下教学。

【课堂实录】

导入环节：

教师出示几道口算题，最后聚焦在4.7＋2.6＋7.4的算法上。

生：先算4.7+2.6=7.3，再加7.4得14.7。

生：先算2.6+7.4的和正好等于10，再加上4.7，得数也等于14.7。

师：两位同学的运算顺序不相同，一位同学先把前两个数相加，另一位同学先把后两个数相加，结果都等于14.7。观察这道等式，你想到了什么？

生：我觉得这道算式像我们前面学过的加法结合律。

师：加法结合律在小数加法中适用吗？

生：我觉得应该适用吧，你看这道题的两种算法，得数不就相等吗？

师：恭喜你们，有了很好的猜想哦。那么整数加法的运算定律是否适用于小数加法呢？接下来，我们就要验证这个猜想是否正确。

探究环节：

1. 师：整数加法有哪些运算定律？

学生回答，课件出示：加法交换律、加法结合律。

2. 师：如何去验证我们的猜想？

生：举例验证。

师：请同学自己在练习本上举例验证：整数加法运算定律对小数加法是否适用。

3. 学生汇报。

生：$3.2+0.5=0.5+3.2$

生：$0.4+0.6=0.6+0.4$

生：$（4.7+2.6）+7.4=4.7+（2.6+7.4）$

生：$（0.1+0.2）+0.3=0.1+（0.2+0.3）$

师：从这几组算式中，你发现什么了？

生：整数的加法交换律对小数加法是适用的。

生：整数的加法结合律对小数加法也是适用的。

4. 归纳总结。

师：运用举例法，我们得到这两条验证结果。你们能用一句话概括吗？

生：整数加法的交换律、结合律，对于小数加法同样适用。

课后反思： 调整后的教学设计，让学生由一道口算题，自然地产生"整数加法运算定律也适用于小数加法"的猜想，并在此基础上举例验证，得到了肯定的结论。学生经历了猜想→验证→归纳结论的数学探究过程，发现可以将整数加法运算定律推广到小数加法。

众所周知，所有的科学发现都源于"猜想"。数学猜想是一种创造性数学思维，由于它具有创造性，从古至今人们都非常重视数学猜想的研究，历史上许多著名的猜想，如"费马猜想""四色猜想""哥德巴赫猜想"等都推动了数学的发展。而俗话说"童言无忌"，儿童天生敢想、敢说，喜欢问问题，这是有利于数学猜想的心理优势。因此，教师应当引导学生以事实、经验为基础，由个别到一般或由此及彼，发现问题，大胆假设。

三、重能力训练，轻思想方法的渗透

【教学案例】六年级下册第三单元"圆柱与圆锥"

师：同学们，这节课我们来研究圆柱的体积。想一想，圆形的面积是如何推导出来的？

生：转化成长方形得到的。

师：那么你们能把圆柱也转化成咱们学过的立体图形吗？

生：转化成长方体。

师：非常好的想法。请同学们拿出准备好的圆柱形的火腿肠，试着动手把它转化成长方体，并探究出圆柱体积的计算方法。

学生动手操作，教师巡视。没过多久，教师就发现两位同学很干净利落地把火腿肠周围弯曲的部分切掉，从而把圆柱"变成"了长方体。

案例分析：学生对于六年级上册将圆形面积转化成近似长方形的过程记忆深刻。但是在教学中，很多老师都将重点放在了圆形面积计算的训练中。经过一系列的练习，学生能够熟练地运用公式解决有关圆形面积的计算问题；但是对于"转化"这个数学思想并未着重渗透。此刻这两个孩子的操作显然就是不理解"转化"这个数学思想，他们单纯地想要把圆柱变成长方体，所以才有了切掉周围弯曲部分的做法。其实，数学思想方法才是数学的灵魂，要想学好数学、用好数学，就要深入数学的"灵魂深处"。数学知识是数学思想方法的载体，数学思想方法是对数学知识的进一步提炼概括。如果在六年级上册教学"圆"时，教师能够着重对"转化"思想进行渗透，到了六年级下册，学生就能够很轻松地运用类推的方法将圆柱的体积转化成长方体的体积。

四、重解决问题，轻思维能力的培养

【教学案例】五年级下册第二单元"因数和倍数"

在学习了质数之后，数学书上出示了一张百数表，要求学生运用质数的概念找出100以内的所有质数。于是有些老师便要求学生把100以内的25个质数全部背下来，这样看到数就可以直接判断。

案例分析：说实话，"背100以内的质数"这个过程是痛苦的。数本来就比较抽象，在个位都集中在1、3、7、9的情况下完整地将质数背诵下来，学生着实要花费一番工夫；好不容易会背了，能按顺序默写出来了，但看到一个数就能快速判断吗？即使背得再熟练，两个月之后、半年之后，学生又还能记得多少呢？翻开《教师教学用书》，这个例题的基本目标就是让学生运用不同的方法找出100以内的所有质数。书中介绍了两种方法，一是"把每个数都验证一下"；二是"依次划去每个质数本身以外的倍数"，也就是"筛法"，学生一般都会选用"筛法"，它是数论中有广泛应用的一个初等方法。在实际应用中，要想迅速判断一个数是质数还是合数，只要应用前一章节所学的"2、3、5的倍数特征"即可（100以内的合数只有"91"比较特殊，它是7和13的倍数）。由此可见，这个知识点的安排是在巩固质数概念的过程中培养学生的思维能力，如果将其简单粗暴地改变为背诵训练，显然是不合适的。

五、重课堂教学，轻实践活动的开展

【教学案例】六年级上册"确定起跑线"

师：在400米的跑道上，第一跑道和第二跑道的起跑线应该相差多少米呢？

学生分组解决问题后，集体汇报。

师总结：大家用不同的方法都算出了第一跑道和第二跑道的起跑线应该相差7.85米。那么其他相邻的两个跑道的起跑线之间相差多少米呢？请每个小组任选两个相邻的跑道，算算它们的起跑线相差多少米？

案例分析："确定起跑线"这个实践活动安排在第五单元"圆"之后，这一活动包含了图形的认识、测量、数据调查、计算、推理等多个数学知识与技能，具有较强的综合性。同时，让学生经历发现和提出问题、分析和解答问题的过程，积累相应的数学活动经验，体会和掌握数学抽象、数学推理等基本的数学思想。但是有的教师在教学中，只注重跑道周长的计算方法、相邻两个跑道的起跑线相差的距离，这是不可取的。甚至有的教师觉得实践活动内容不出现在测试卷中，于是将教材中安排的实践活动置之一旁，根本不花费时间去开展，这不利于学生数学素养的培养。

六、重学科教学，轻数学文化的营造

【教学案例】六年级上册第五单元"圆"

师：请同学们把自己带来的圆平均分成若干份，再拼一拼，看看你能拼成哪个学过的图形？

生：我把圆分成16等份，剪开后拼成一个近似的平行四边形。

生：我把圆分成32等份，剪开后也能拼成一个近似的平行四边形。

师：分的份数越多，每一份就会越小，拼成的图形就会越接近于一个长方形。

案例分析：让学生动手剪、拼，感受图形的转化过程固然是好的，可是如果仅仅建立在动手操作的基础上，没有办法把圆形分成足够多的等份，也没有办法让学生感受"平均分的份数越多，拼成的图形就会越接近于一个长方形"。此处可借助现代化的教学手段，将圆形分成更多的等份，如64等份、128等份，让学生慢慢感受到极限的思想，感受到拼成的圆形越来越接近长方形。这节课的最后，还可以结合教材中的"你知道吗？"介绍的刘徽的"割圆术"，并结合课件的演示，让学生感受"割之弥细，所失弥少，割之又割，以至于不可割，则与圆周合体而无所失矣"。

数学课程中要体现数学文化，弘扬人文精神，这已经提倡多年了。自古以来，人类文明总是和数学文明相伴而生，数学往往起着先导作用，推动人类文明的发展。基础教育阶段，我们不可能让小学生真切地了解整个数学文明的巨大价值，但是可以用尽可能通俗易懂的故事，适度地将数学文明的价值告诉学生，帮助学生了解在人类文明发展中数学的价值。但是有的教师在教学中只注重学科的教学，将大量宝贵的时间花在题海训练中，淡化了数学文化的营造。

第二节　解决策略

一、扎根于数学课堂教学进行数学文化的渗透

课堂是实施教学的主阵地，我们可以充分结合教学内容，渗透数学文化。下表是人教版小学数学教材（2022—2023年版）中的"你知道吗？"栏目内容。

册别	页码	内容
一年级上册	60	我国古代用算筹表示数
	72	古埃及使用象形数字
	85	我国古代的计时工具
一年级下册	4	七巧板是我国的一种传统益智玩具
	60	我国已发行了五套人民币
二年级上册	6	测量长度的工具
	51	乘号是英国数学家在1631年最早使用的
	86	乘法口诀，我国两千多年前就有了
二年级下册	17	1659年，瑞士数学家第一次用"÷"表示除法
	101	各种秤和公斤、斤、两
	105	世界上现存最大的鸟
三年级上册	99	分数在我国很早以前就有了

册别	页码	内容
三年级下册	6	指南针
	63	《九章算术》中长方形面积的计算方法
	74	平年，闰年；我国古人很早就知道一年有$365\frac{1}{4}$天
	80	二十四节气
	81	时区
	92	小数的记法（我国古代曾用算筹表示小数，德国数学家最早使用小圆点作为小数点）
四年级上册	4	对1亿的感知
	6	三位一分节的大数
	17	阿拉伯数字的来历（印度人发明）
	21	用算筹记数的方法
	27	M+、MR、MC键的作用
	35	非法定计量单位"亩"
	48	意大利算术书中的"格子乘法"
四年级下册	33	小数是我国最早提出并使用的
五年级上册	38	数字黑洞
	63	用方程解决数学问题
	90	《九章算术》中的平面图形面积的算法
	94	刘徽用"出入相补"原理计算平面图形的面积
五年级下册	8	完全数
	13	2、5、3的倍数的特征
	17	哥德巴赫猜想；陈景润
	22	几何学和欧几里得
	35	《九章算术》中的体积计算公式

册别	页码	内容
五年级下册	56	分解质因数
	61	用分解质因数的方法求最大公因数
	64	互质数
	67	《九章算术》里的"约分术"
	69	用分解质因数的方法求最小公倍数
	79	用分解质因数判断最简分数能否化为有限小数
	86	数学与艺术（利用平移、旋转、对称设计图案）
	113	用天平找次品
六年级上册	14	"一尺之棰，日取其半，万世不竭"的意思
	43	《九章算术》中的"经分术"
	49	黄金比
	61	圆周率；祖冲之
	66	刘徽；割圆术
	81	恩格尔系数
六年级下册	5	中国很早就开始使用负数
	15	千分数和万分数
	29	圆柱容球
	46	反比例关系的图象
	57	在计算机上，可以把图片灵活地放大或缩小
	69	抽屉原理
	103	七桥问题
	105	绿色出行；同比和环比

由上述内容可见，人教版教材编写者的意图在于突出中国古代数学在算筹、货币、小数、分数、负数、圆周率等方面的成就，旨在弘扬中华数学文化，提升民族自豪感。同时介绍了早期的埃及数学以及乘法、除法运算符号和大括号、中括号、小括号的最先使用者，目的是让学生了解一些国外数

第二章　当前小学数学教学的现状、分析与解决策略

学文化。除此之外，大量的数学名题、趣味数学的介绍，属于补充知识的范围，以及对数学文化的阐述。

二、围绕数学实践活动进行数学文化的润泽

实践活动就是把实践性作为教学实施的"魂"，以活动课程的形式开展教学，旨在经过学生的自主探索和合作交流，帮助学生综合运用已有的知识经验，解决与生活有密切联系，具有综合性、实践性和挑战性以及富有现实意义的问题，适时润泽数学文化，促进学生的认知和行为、情感态度与价值观统一协调地发展。下表是人教版小学数学教材（2022—2023年版）中的"实践活动"栏目内容。

册别	页码	内容
一年级上册	82	数学乐园
一年级下册	51	摆一摆，想一想
二年级上册	88	量一量，比一比
二年级下册	70	小小设计师
三年级上册	77	数字编码
三年级下册	83	制作活动日历
	99	我们的校园
四年级上册	33	1亿有多大
四年级下册	97	营养午餐
五年级上册	50	掷一掷
五年级下册	44	探索图形
	102	怎样通知最快
六年级上册	78	确定起跑线
	103	节约用水
六年级下册	15	生活与百分数
	65	自行车里的数学

除了教材中的实践活动外，我们还可以积极开发校本资源，润泽数学文化。例如：让学生通过收集、阅读数学故事，感受数学文化；收集数学家故事，感受数学家的科学精神；查找数学符号来源，体会科学发明过程；让学生撰写数学日记、数学小论文，学会用数学的眼光去发现问题、分析问题、解决问题。让学生从小在数学文化的背景下学习数学、研究数学，增强应用数学的意识，并建立良好的数学学习情感，真正地感知数学的价值所在。

三、辐射到校园文化之中进行数学文化的浸润

数学文化的渗透和培养仅仅依靠数学课堂是不够的，应该放在一个更广阔的平台上去滋润、去熏陶，而校园是一种特殊的社会文化，数学校园是校园的重要组成部分。我们可以利用学校图书馆、红领巾广播站、橱窗、文化走廊、文化专栏、校园网和黑板报等传播阵地，选择学生喜闻乐见、耳熟能详的数学内容主动传播，形成强有力的视觉和听觉的数学文化磁场，让学生时刻感受到数学文化无处不在。

03

第三章

课堂教学革命与数学文化的对话

数学本质上是一种文化，课堂教学是实现教育的主阵地。我们要在课程实施过程中践行并彰显数学的文化本质，让文化成为数学的一种自然本色。

第一节　不同课程内容的教学与数学文化的对话

　　《数学课程标准》中指出：义务教育阶段数学课程内容由数与代数、图形与几何、统计与概率、综合与实践四个学习领域组成。不同领域的课程内容都可以结合教学内容渗透数学文化。

一、在"数与代数"中渗透数学文化

　　数与代数是义务教育阶段学生数学学习的重要领域，在小学阶段包括"数与运算"和"数量关系"两个主题。"数与运算"包括整数、小数和分数的认识及其四则运算。数是对数量的抽象，数的运算重点在于理解算理、掌握算法，数与运算之间有密切的关联。"数量关系"主要是用符号（包括数）或含有符号的式子表达数量之间的关系或规律。

（一）数的认识

【教学案例】"分数的意义"

课题：分数的意义	设计者：叶海霞	单位：芜湖市解放西路小学
教学内容：人教版数学五年级下册第四单元第一课时		
学情分析： 本节课是在学生三年级已经初步认识了分数的基础上进行教学的，是学生系统学习分数的开始，为以后学生学习分数的乘除法、真分数和假分数以及分数的基本性质、分数的四则运算、分数的应用题等打下坚实的基础。		

教学目标：

1.了解分数的产生，理解分数的意义；理解单位"1"的含义，认识分数单位，能说明一个分数中有几个分数单位。

2.在理解分数含义的过程中，渗透比较、数形结合等数学思想方法，培养学生的抽象概括能力。

3.引导学生体会数学与生活的密切联系，激发学生的学习兴趣，增强学生学好数学的信心。

教学重难点：

教学重点：建立单位"1"的概念，理解分数的意义。

教学难点：建立单位"1"的概念，认识分数单位。

教学准备：课件、操作学具。

教学过程			
教学流程	数学文化元素	教学活动	设计意图
导入新课	对比思想的运用。沟通整数和分数之间的联系。	师：上课，同学们好，请坐。请同学们将屏幕上看到的最明显的字读出来。真好，倒着再读一遍。哈哈，"学数嗨"，是啊，数学的学习离不开数，今天我们就一起走进数的世界，继续在数的海洋中遨游。 师：（出示1个正方形）看，可以用哪个数来表示？ 师：（出示3个正方形）再看，现在呢？ 师：1和3都是以前我们学过的自然数，仔细看图，现在这3个正方形可以用哪个数来表示呢？ $\dfrac{3}{4}$ 师：都同意是$\dfrac{3}{4}$吗？你能告诉我们你是怎么想的吗？ 师：说得很完整。老师还听到一个特别关键的词是（平均分）。（板书：平均分）	让学生初步感悟整数和分数的联系，之所以3个正方形一会儿用数字3来表示，一会儿用$\dfrac{3}{4}$来表示，说到底还是因为"1"变了，由几个1到不足1。

	教学过程		
教学流程	数学文化元素	教学活动	设计意图
探究新知	从丰富具体的表象中抽象出单位"1"，再给抽象的"1"赋予丰富的内涵。	1.抽象出单位"1"，理解分数的意义。 师：看来大家对分数已经有了很多的认识，今天这节课我们进一步来研究分数。课前，每个组都领到了一个材料袋。接下来，我们要进行四人小组活动，请先看活动要求，谁来读一读？ 活动要求： 每人选择一幅图，先用分数表示图中的涂色部分，说说分数表示的含义，再在小组内交流。 师：声音很响亮，现在组长拿出材料袋，开始吧。 师：好了吗？请你们分别说出自己填的分数是多少，并说出这个分数表示的含义。 师：掌声告诉我，他们填的分数对不对？这样，你（生1）来挑一个分数，问问他们（全班）表示什么含义。你准备挑哪一个？ 师：他说这幅图中的 $\frac{3}{4}$ 表示的含义是把8个苹果平均分成4份，取其中的3份，就是 $\frac{3}{4}$。对吗？ 师：是的，说得真完整。现在我们一起仔细看这8幅图。根据分的对象，你能给它们分分类吗？有人已经在举手了。举手的人越来越多了，谁愿意上来和我们一起分分类？这位男生你来。你说怎么分类，我来当你的小助手。 师：老师发现经过我们的协作轻松得到了这样一个分类，对吗？是啊，学会合作可以大大提高效率哦。好了，看这儿，一个物体、一个图形、一个计量单位、一些物体，想一想，可以用哪个自然数来表示呢？你说。	首先通过小组充分的合作交流，积累活动经验，从而在丰富的表象中抽象出单位"1"的概念。接着借助8幅图，以单位"1"的视角，再次说说每个分数具体的含义，从而概括出分数的意义。其中因为具体的分数说不完，所以顺理成章地引导出字母式，从而培养了学生自觉用字母表示数的观念。

	教学过程		
教学流程	数学文化元素	教学活动	设计意图
探究新知		师：是的，像这样的，一个物体、一个图形、一个计量单位、一些物体，我们都可以看作一个整体，所以可以用自然数"1"来表示，通常我们把它称为（板贴：单位"1"）。哎，这里的1为什么打上了双引号呢？ 师：对，因为这里的1不仅可以表示一个物体、一个图形，还能表示一个计量单位、一些物体，1的内涵更加丰富了。（师将黑板上这几个词圈起来，箭头指向单位"1"这几个字） 师：看黑板，想一想，我们是把什么看作单位"1"？把单位"1"平均分成几份，表示这样的几份？每人选择一个分数，在小组里说一说，开始。 师：说好了吗？谁愿意到上面来，和大家分享你的智慧？ 师：说得都非常完整，掌声送给他们。同学们，像这样的例子能举完吗？我们可以用省略号（师同时在黑板上画省略号）来表示。那你能想一个办法表示所有的情况吗？ 师：他想到用字母来表示，听懂了吗？你能给大家说说你是怎么想的吗？ 师：不仅说清楚了 $\dfrac{y}{x}$ 这个分数的含义，还说出了分母 x 不能为0，为你的严谨和会思考点赞。 师：现在想一想，到底什么样的数是分数呢？如果已经想好了，悄悄和同桌先说一说，开始。你说。	

第三章 课堂教学革命与数学文化的对话

		教学过程	
教学流程	数学文化元素	教学活动	设计意图
探究新知	培养用字母表示数的意识，感受数学的简洁美；通过字母式中字母的范围要求，培养学生严谨的科学态度。用数学的语言描述什么是分数，再次渗透严谨的科学态度。	师：老师听明白了，你们的意思就是把单位"1"平均分成几份，我们也可以用若干份来表示（板贴：若干份），然后表示其中的，可能是1份，也可能是几份，所以我们说表示这样的1份或几份（板贴：表示这样的1份或几份）的数，就叫作分数（板贴：分数）。刚才也是这样想的同学，把掌声送给自己，这就是今天我们要学的（板贴：分数的意义）。 ![分数的意义] 2.理解分数单位是计量的单位。 师：看，猜一猜，涂色部分用分数表示是多少？ 师：有的猜 $\frac{2}{3}$，有的猜 $\frac{3}{5}$，还有的猜 $\frac{4}{6}$。哎，看来大家都有自己的想法，这样，老师给你个提示（课件给出 $\frac{1}{8}$），现在你来猜一猜涂色部分是几分之几呢？ 师：现在猜 $\frac{5}{8}$ 的同学比较多，谁能上来带着我们一起数一数，到底是不是 $\frac{5}{8}$ 呢？你来。 ![猜一猜，涂色部分用分数表示是多少？]	这里分数单位没有选择直接呈现，而是通过猜，再经过科学严谨地验证，进而明白分数意义的关键在于先平均分，然后以每一份作为计量单位，再看看有几个这样的计量单位，分数就是多少。其中渗透了"数起源于数，量起源于量"这样的数学文化，从而理解分数的本质就是"先分再数"的活动。

	教学过程		
教学流程	数学文化元素	教学活动	设计意图
探究新知	抓住数的本质——多少个计数单位。引入华罗庚的话："数起源于数，量起源于量。"	师：哎，原来 $\frac{5}{8}$ 是数有几个八分之一数出来的，正如华罗庚所说："数起源于数，量起源于量"，而这里量的标准——$\frac{1}{8}$，也有着自己的名字。在数学上，我们把单位1平均分成若干份，表示这样1份的数叫作分数单位（课件出示）。清楚了什么是分数单位，那 $\frac{5}{8}$ 的分数单位是多少呢？$\frac{5}{8}$ 里面又有几个这样的分数单位呢？ 师：没错，$\frac{5}{8}$ 的分数单位是 $\frac{1}{8}$，里面有5个这样的分数单位。那我想问问你们，黑板上的分数，你能说出它的分数单位是多少，又有几个这样的分数单位吗？ 师：你们真是太厉害了，连字母式这么难的分数都知道它的分数单位，以及里面有多少个分数单位。是啊，分数其实就是先分再数，即先平均分，再数有几个这样的分数单位。	
巩固练习	开放题培养学生发散性思维，多角度思考问题。 从不同中找共性，从而培养学生的数学眼光。	1.6个正方形的开放题。 师：老师发现咱们班同学真的非常聪明和智慧，相信下面的题目一定难不倒你们，想挑战吗？看一看，我说开始才能举手，把6个正方形看作单位"1"，你能想到哪些分数？ 师：哦，还有同学想到了 $\frac{1}{3}$、$\frac{2}{3}$、$\frac{1}{6}$、$\frac{2}{6}$、$\frac{4}{6}$、$\frac{5}{6}$、$\frac{6}{6}$、$\frac{3}{3}$、$\frac{2}{2}$，奇怪了，同一幅图怎么就能想到这么多的分数呢？是的，因为分数是先分	第一道练习首先渗透当单位"1"相同时，分数可以不同，再分别对比同分母、同分子分数，从而理解分母、分子共同影响分数。其次渗透即使分数形式不同，分数大小也可能相等，如 $\frac{1}{2}$、$\frac{3}{6}$。

		教学过程	
教学流程	数学文化元素	教学活动	设计意图
巩固练习	从分母相同的一组分数到分子相同的一组分数，再到分子分母都不相同、大小却可能相等的分数，在多次对比中，深化对分数意义的理解。	再数得来的数，把这个整体平均分的份数不同，数的份数不同，都会导致最后的分数不同。想出这么多分数，那这些分数有什么是相同的呢？ 师：能从这么多不同的分数中看出"单位1相同"这个相同点，佩服你有着数学的眼光。仔细观察，这些分数有什么相同的地方（课件将分母都为6的分数圈起来）？你来说。 师：是的，分母单位相同，说得真专业。 师：再看。观察这些分数，又有什么相同的地方呢？（课件圈出分子都是1的分数） 师：哦，你是从数分数单位个数的角度出发的，虽然平均分的份数不同，但是分子一样，也就是表示的份数都一样。 师：再看一下刚才两位同学分别说的 $\frac{1}{2}$ 和 $\frac{3}{6}$，仔细观察，你又有什么发现？ 师：说得真完整。通过刚才的学习，老师明白了，其实分数都是由分母和分子组成的（板贴：分子、分母），而且知道了分母、分子分别表示的是什么。另外，还发现分数有时很调皮，虽然形式不同、意义不同，但大小可能相等，相信学到这儿，同学们对分数的理解更加深刻了吧。	第二道练习题通过对比两个 $\frac{2}{3}$，从而感悟出能否用同一个分数表示，不受单位"1"具体是什么的影响，而是只要符合 $\frac{2}{3}$ 的意义即可，从而将分数抽象到数轴上，即第三题，这是分数含义的再一次抽象升华，更是数学味的体现。
	建构数学与生活的联系，通过生活中的数学理解分数的本质，真正理解数是对数量的抽象，即去掉量纲（数量的具体含义）。	2.对比两个 $\frac{2}{3}$（单位"1"不同，却能用同一个分数表示）。 师：数学来源于生活，也服务于生活。下面，我们一起来看一看，（课件出示）一节数学课的时间是 $\frac{2}{3}$ 时，想一想，$\frac{2}{3}$ 时表示什么意义呢？你说。 师：掌声先送给她，刚才她讲的60分钟，其实也就是1时。看，这是分针走一圈的1时，把1时看作单位"1"，平均分成3份，表示其中的2份，是1时的 $\frac{2}{3}$，也就是 $\frac{2}{3}$ 时，刚才她还告诉我们 $\frac{2}{3}$ 时就是40分钟。太棒了，再看，（课件出示：	

教学过程			
教学流程	数学文化元素	教学活动	设计意图
巩固练习	打通"数域"之间的关联，即分数和整数之间的关联，数形结合，在数轴上清晰表示。	我们用一节课时间的 $\frac{2}{3}$ 在研究分数的意义）这里的 $\frac{2}{3}$ 又表示什么意义呢？你说。 师：是的，这里是把一节课40分钟看成单位"1"，再平均分成3份，其中的2份就是一节课的 $\frac{2}{3}$，你们也是这样想的吗？哎，那老师就纳闷了，这两个 $\frac{2}{3}$ 的单位1不同，所表示的涂色部分也不同，为什么都能用 $\frac{2}{3}$ 来表示呢？都想好啦？这次别着急，先和同桌分享一下，开始。有想法啦，你说。 师：也就是说，能不能用 $\frac{2}{3}$ 表示，与单位"1"是什么没啥关系的，只要是把单位"1"平均分成3份，表示这样的2份，都可以用 $\frac{2}{3}$ 来表示。既然如此，我们能不能直接用0到1这样的一条线段来表示这里的每一个单位"1"呢？没错，确实可以。 3.抽象到数轴上的分数。 师：看，这是一条数轴，这个点表示的是0，这个点表示的是1，这个点表示的应该是2，那你能在直线上找到表示 $\frac{2}{3}$ 的点吗？这么多人都想到了，谁能上来给我们指一指？请你来，说说你是怎么想的？ 师：说得有理有据，真好，老师仿佛又听到了"数起源于数"的声音，你们听到了吗？$\frac{1}{3}$、$\frac{2}{3}$，如果继续数下去，下一个是多少？下下个呢？下下个具体又在什么位置呢？ 师：相信有些同学已经有了答案，我们可以思考得再深入些，这实际上是我们后面要学习的内容，今天不再展开。	第三道练习，再次感悟分数和小数之间的联系，为什么1后面是2，因为有两个1；那如何找到 $\frac{2}{3}$ 呢？首先平均分找到分数单位，再数分数单位的个数，延伸渗透后面其实是假分数，因不是本节课的教学内容，因此只延伸不具体展开。

第三章 课堂教学革命与数学文化的对话

续 表

拓展延伸	数学史的渗透。	师：这节课已经接近尾声了，我们一起欣赏一段视频，看看分数的来龙去脉吧！	观看分数产生的视频，从而渗透浓郁的数学文化。

板书设计：

教学评价：

1.本节课的内容本身就是数学文化，最后的微视频分数的介绍，更是简短的数学史的介绍。分数的字母式表达，培养了学生的符号意识以及严谨的科学态度。

2.对于分数单位，不仅较一般的课堂教学加重了笔墨，更通过引入华罗庚先生说的"数起源于数，量起源于量"这句话，凸显数学文化的同时凸显分数的本质，打通分数和整数之间的联系，并总结出分数其实就是先分再数得到的数。

3.本节课练习的设计是一大亮点，不仅是因为有层次性，更是因为练习中有开放题的设计，在多次对比中加深对分数意义的理解；与生活联系的设计，从而让学生真正理解分数的本质，即去量纲后的抽象的数；与数轴结合的设计，打通"数域"之间的联系，并渗透假分数的相关知识。

（二）数的运算

【教学案例】"分数乘法"

课题：分数乘法	设计者：赵丽娟	单位：芜湖市北塘小学

教学内容：人教版数学六年级上册第一单元

教学目标：

1.经历运用分数乘法，借助线段图等方式，理解"连续求一个数的几分之几是多少"的问题的数量关系的过程，掌握解题思路和计算方法。

2.在解决问题的过程中培养学生的分析、推理、归纳、概括的能力。

3.让学生经历解决实际问题的过程，培养学生具体问题具体分析的辩证唯物主义思想。

教学重难点：

教学重点：分析实际问题中的数量关系，掌握解题思路、依据和方法。

教学难点：分析数量关系，找准单位"1"。

教学准备：多媒体课件。

	教学过程		
教学流程	数学文化元素	教学活动	设计意图
导入新课	鼓励学生提问，培养学生的问题意识。	（一）创设情境，导入新知 1.揭示课题：我们已经学过了分数乘法的知识，今天，我们就利用这些知识来解决一些实际问题。（板书：解决问题）出示主题图（略）。 2.提取信息：从这幅图中你能得到什么信息？ 3.提出问题：你能提出什么问题？	引导学生提出问题、发现问题，调动学生的学习积极性。
探究新知	引导学生利用数形结合分析题目，培养学生分析问题的意识和能力。 通过对比，引导学生发现数学本质。	（二）自主探究，合作交流 1.学生自主分析数量关系。 师：要解决这个问题，首先我们要厘清"整个大棚面积""萝卜地面积"和"红萝卜地面积"之间的关系。折纸或画图有助于我们分析和思考，下面请你选择自己喜欢的方式分析一下这个问题的数量关系。 2.让学生把用不同方式做出的作品贴在黑板上。 3.组织研讨：请这些同学把你的思考过程和大家交流一下。 4.列式计算。 师：通过刚才几位同学的分析，你能解决这个问题吗？请你在练习本上列式计算。 5.请有不同思路的同学在黑板上展示。 6.组织研讨：请这些同学把你的想法和大家交流一下。 提问：要想求出红萝卜地面积，可以先求出什么？再求什么？ 7.检验：用你喜欢的方法检验一下我们得出的答案对不对？ 8.总结提升： 师：刚才同学们利用不同的方式检验了答案的合理性，说明我们这几种方法所得的结果都是正确的。请大家再来观察一下这几种方法，虽然思路不同，但是有没有相同的地方？ 提问：为什么用乘法计算呢？	在本环节中，主要采取"放"的形式，让学生根据主题图给出的信息和自主提出的问题，采用折纸、画图的直观手段进行积极的分析与思考，调动全体学生参与学习的主动性。 此环节强化对单位"1"的理解，这也是分数乘法解决问题的关键。

第三章 课堂教学革命与数学文化的对话

		教学过程	
教学流程	数学文化元素	教学活动	设计意图
巩固练习		（三）通过分析关键句，掌握分析方法 1.完成计划的 $\frac{5}{8}$ 。 （1）表示谁与谁的关系？ （2）谁是单位"1"？谁是 $\frac{5}{8}$ ？ （3）单位"1"的 $\frac{5}{8}$ 等于谁？ 2.陆地面积约占地球面积的 $\frac{3}{10}$ 。 3.成年人的头部长约占身高的 $\frac{2}{15}$ 。 第2、3题由小组合作提出问题并解答。	请学生说明题目中的"每一个分数是谁和谁的关系，把谁看作单位1"，使学生在厘清数量关系的前提下进行思考，达到理解掌握思路的目的，提高课堂效率。
拓展延伸	通过对比，引导学生发现单位"1"的不同，导致"一半"的具体长度也不一样。	（四）拓展延伸 1.师：有一根木棒长2米，第一天截去它的一半。第一天截去多少米？ 生：第一天截去的是2米的一半，用 $2 \times \frac{1}{2}=1$ 米，第一天截去1米。 师：第二天又截去这根木棒一半的一半。第二天截去多少米？ 生：第一天截去1米，用 $1 \times \frac{1}{2}=\frac{1}{2}$ 米，第二天截去 $\frac{1}{2}$ 米。 师：第三天又截去这根木棒一半的一半的一半。第三天截去多少米？ 生：第二天截去的是 $\frac{1}{2}$ 米，用 $\frac{1}{2} \times \frac{1}{2}=\frac{1}{4}$ 米，第三天截去 $\frac{1}{4}$ 米。	鼓励学生应用所学知识解决问题，重点感受单位"1"的重要性。 引导学生在对比中感受：不同的单位"1"对应的 $\frac{1}{2}$ ，其所表示的具体长度也是不一样的。

教学过程			
教学流程	数学文化元素	教学活动	设计意图
拓展延伸	渗透极限的数学思想。 数学文化的浸润。	生：第三天截去的是一半的一半的一半，也就是这根木棒的 $\frac{1}{8}$。可以用 $2 \times \frac{1}{8}$，算出来也是 $\frac{1}{4}$ 米。 2.师：我每天都是截去木棒的一半，为什么截去的具体长度不一样呢？ 生：因为每天木棒的长度都不一样，也就是单位"1"不同。 生：虽然每天都截去木棒的一半，但是第一天截去的是2米的 $\frac{1}{2}$，第二天截去的是1米的 $\frac{1}{2}$，第三天截去的是 $\frac{1}{2}$ 米的 $\frac{1}{2}$。 3.师：第四天、第五天、第六天……第十天……第二十天……我们可以一直像上面那样，每天都截去原有的一半吗？自己想办法，用学过的方法去研究一下。 学生小组合作研究。 生1汇报：我用画图法进行验证。我先画了一根16厘米长的线段，然后依次截去一半，接着在这一半里面再截去一半，依次往下截。一开始比较简单，但是截到第7次、第8次的时候就觉得很困难了，因为线段剩下的已经很短了，没办法再截了。所以我认为最多只能截8次，然后就没有了。 生2汇报：我是列式计算的。我在第三天 $\frac{1}{2}$ 的基础上继续往下算，依次是 $\frac{1}{8}$、$\frac{1}{16}$、$\frac{1}{32}$、$\frac{1}{64}$、$\frac{1}{128}$、$\frac{1}{256}$、…我发现数字虽然越来越小，但是依然可以算出来。所以我觉得可以一直截下去。	鼓励学生用不同的方法进行研究、验证。

教学流程	数学文化元素	教学活动	设计意图
拓展延伸		师：这两位同学说得都很有道理。如果是实际的截木棒，截到一定的次数之后，剩下的木棒太短了，没办法继续截下去；可是从数学的计算角度来看，无论多小的数字，都可以继续 $\times \frac{1}{2}$。 其实这样的问题，早就被记载在两千多年前的书籍中了。 4.课件出示第14页的"你知道吗？"：《庄子》中有一句话："一尺之棰，日取其半，万世不竭。" 师：尺是中国古代的长度单位，一尺之棰就是说一根一尺长的木棒。那你们知道"日取其半"是什么意思呢？"万世不竭"呢？ 学生自由回答。 师：虽然这根木棒是一个长度有限的物体，但是它却可以无限地分割下去。	
全课总结		（五）全课总结 师：通过今天的学习，你们有什么新的收获，还有什么问题？	

教学评价：

学生刚刚接触分数乘法，通常不太适应。以前学习的整数、小数通常都是定量，数的大小不会发生变化；而进入分数乘法的学习后，学生初次感受到同一个分数，随着单位"1"的变化，这个分数所对应的具体数值、大小会不断变化，因而在分数乘法应用题中，单位"1"便尤为重要。本节课的巩固应用环节，就借用数学文化再次让学生感受单位"1"的变化带来具体长度的变化，同时感受其中蕴含的数学思想。

通过古代数学文化的渗透，学生在巩固练习中初步感到其中蕴含的数学思想——极限思想。这种数学思想的感受，既为六年级上册第八单元"数学广角——数与形"例2的学习打下了基础，拓宽了学生的知识，也让学生真实感受到中国古代数学文化的发展，激发学生的民族自豪感。

（三）等式与方程

【教学案例】"方程的意义"

课题：方程的意义	设计者：赵丽娟	单位：芜湖市北塘小学

教学内容： 人教版数学五年级上册第62～63页内容

教学目标：
1.理解和掌握等式与方程的意义，明确方程与等式的关系。
2.通过自主探究、合作交流激发学生的学习兴趣，培养合作意识。
3.感受方程与生活的密切联系，提升抽象思维能力和符号感。

教学重难点：
教学重点：理解和掌握方程的意义。
教学难点：弄清方程与等式的异同。

教学准备： 课件。

<table>
<tr><td colspan="4" align="center">教学过程</td></tr>
<tr>
<td>教学流程</td>
<td>数学文化元素</td>
<td>教学活动</td>
<td>设计意图</td>
</tr>
<tr>
<td>导入新课</td>
<td>介绍天平的使用方法。让学生用等号来表示生活中的平衡，初步感受数学符号的简洁美，以及数学与实际生活的联系。</td>
<td>师：我们在进行科学研究的时候，经常会利用一些工具。
课件出示天平图。
师：这是什么？（天平）
师：对于天平你们有哪些了解？如何称出物体的质量？什么情况下才能使天平保持平衡呢？
学生自由回答。
师：一般在称物品的质量时，我们在天平的左盘放上要称的物品，天平的右盘放上砝码。如果天平左右两边达到平衡状态，那么天平左边物品的质量就等于天平右边砝码的质量。也就是说，当天平两边物体或砝码的质量相等时，天平保持平衡。这种平衡的状态如果用一个数学符号来表示，你们觉得用什么符号比较合适？
生：等号。</td>
<td>对学生而言，天平在实际生活中不常用到，以此导入，教师需要加以介绍，引起学生的兴趣，唤醒学生已有的生活经验去为认识新事物奠定基础，形成表象。</td>
</tr>
</table>

		教学过程	
教学流程	数学文化元素	教学活动	设计意图
探究新知	引导学生经历从直观的天平演示和实物图中逐步抽象出方程概念的过程，初步体会方程的作用，即在未知数和已知数之间建立等价关系。	1.初步感知相等与不等。 （1）动画演示。 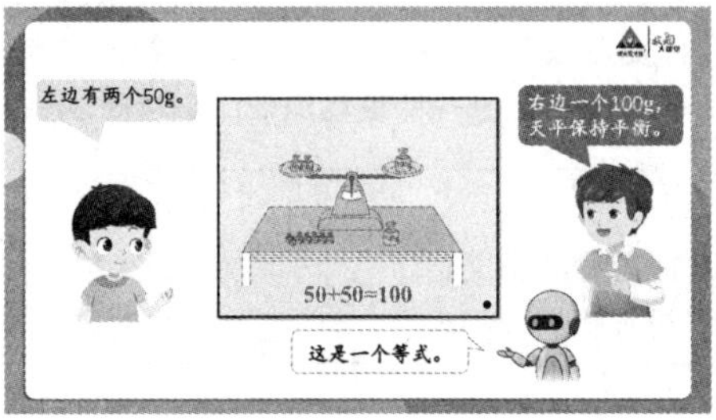 师：根据天平现在的这种状态，你能列出一道式子来表示吗？ 学生回答，师板书：50+50=100。 （2）动画演示。 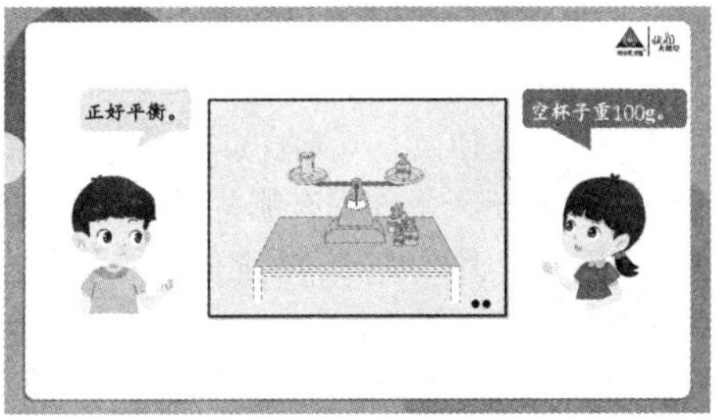 师：现在你知道了什么信息？ 生：一个杯子的质量正好是100克。 （3）动画演示。  师：如果给杯子里倒满水，天平会怎样？ 生：一杯水让天平左边的质量变大了，天平肯定不平衡了。	利用课件对天平的直观演示，将数学知识置于情境之中，让学生参与到数学活动中，写出等式及不等式，含有未知数的和不含未知数的。学生通过分类对比，形成表象，教师引出概念，使学生亲历知识的生成过程。

	教学过程		
教学流程	数学文化元素	教学活动	设计意图
探究新知	方程的意义是学生自己去建构的，学生切实经历了抽象概括并深入理解方程本质属性的过程。提升学生的数学核心素养。	师：这一杯水有多重？不知道水的质量，咱们可以如何表示水的质量呢？ 生：用字母表示。 师：如果一杯水重x克，那么天平左边的杯子和水一共有多重？ 生：$100+x$。 （4）师：仔细观察，天平又发生了什么变化？你能用式子表示天平的状态吗？ 如果水重x克，请用一个式子表示此时天平的状态。 如果水重x克，请用一个式子表示此时天平的状态。 学生汇报天平状态，并列出算式；教师板书：$100+x>200$，$100+x<300$。 （5）师：天平还是没有平衡，接下来咱们该如何调整呢？ 生：将其中一个100克的砝码拿下来，换个50克的砝码试试。 动画演示。	通过学生自主分类比较，调动学生的主动性和能动性，让学生自己发现知识的形成过程，层层递进，达到理解方程意义和掌握方程判断方法的目的，同时培养学生的对比概括能力和发散思维。

第三章　课堂教学革命与数学文化的对话

	教学过程		
教学流程	数学文化元素	教学活动	设计意图
探究新知		学生汇报：100+x=250。（教师板书） 师：在刚刚倒水的过程中，我们用不同的式子表示出了天平的状态，非常简洁。 （6）师：看看这几幅图，你们也能用式子表示它们的关系吗? 　学生汇报，教师板书。 2.分类整理，建构概念。 （1）师：观察黑板上的式子，你们能根据式子的特点进行分类吗? 先让学生独立思考，再和同桌进行交流。 学生反馈，教师根据反馈在黑板上移动式子。 生：算式左右两边相等的分为一类，左右两边不相等的分为另一类。	

教学过程				
教学流程	数学文化元素	教学活动		设计意图
探究新知		师：像100+x=250、3x=2.4这样的就是方程。你们能用自己的理解说说什么是方程吗？ 学生自由回答。 教师概括：含有未知数的等式就是方程。 （2）师：看看黑板上，还有哪些式子是方程? 学生回答。 （3）师：根据你们的理解，自己写2～3个方程，写完之后和同桌交换检验一下。 教师在巡视过程中选择一些有代表性的方程，让学生到黑板上写一写。 请学生说说黑板上同学写的是否为方程，并说说判断理由。		
巩固练习	在教学中，教师引导学生用数学的方法（集合圈）去表示方程与等式之间的关系，引导学生感知、领悟数学符号的意义，再次感受数学符号的简洁美。	1."做一做"第1题。 请学生说说哪些式子是方程，并说说为什么。 选择其中几个不是方程的式子，让学生试着改一下将其变成方程。 2.练习十四第2题：看图列方程。 学生独立练习并进行反馈。 师：我们可以根据等量关系来列出方程。 3.思考：方程与等式之间有什么样的关系？你能用语言或是数学的集合圈来表示它们之间的关系吗？ 学生自由回答后，出示课件。 师：同学们分得很有道理啊！在数学里，我们把左右两边相等的式子称为等式，并用"＝"连接；左右两边不相等的式子叫作不等式，用"＞"或"＜"连接。 生：把有字母的式子分为一类，没有字母的式子分为另一类。		通过前面学生的活动归纳出概念，还要对概念进行演绎。练习中，教师让学生改写方程，就是考查学生对方程概念的理解，再进行判断的基本练习。

第三章　课堂教学革命与数学文化的对话

		教学过程	
教学流程	数学文化元素	教学活动	设计意图
拓展延伸	渗透数学史和数学文化，介绍方程的产生背景和发展历程，拓展学生的视野，浸润数学文化。	师：通过本节课的学习，你对方程印象最深的是什么？你知道方程的形成历史吗？ 学生自由回答。 课件演示，介绍教材第63页"你知道吗？"的内容。 早在三千六百多年前，埃及人就会用方程解决数学问题了。在我国古代，大约两千年前成书的《九章算术》中，就有用一组方程解决实际问题的史料。一直到三百多年前，法国的数学家笛卡儿第一个提倡用 x、y、z 等字母代表未知数，才有了方程现在这样的表达方式。 请学生谈谈阅读后的感受。 师："方程"一词最早见于我国古代数学书籍《九章算术》中。《九章算术》成书于公元1世纪前后，是我国古代数学的集大成之作，也是当时世界上最先进的应用数学。书中收集了246个数学问题，被分为九大类，组成"九章"。其中第八章"方程"，共计18题，都是解方程的实际问题。而类似的方程的解法，印度最早出现于公元7世纪，欧洲则更晚。由此可见，我国在运用方程解决实际问题的方面，在世界数学发展史上处于领先地位。同学们，你们知道哪些用方程解决的问题吗？回去以后自己查查资料。	数学是人类文化的重要组成部分，任何一个数学知识的形成都凝聚着人类的智慧与汗水。因此学生在学习前人给我们带来的经验的同时，要了解中国古代的数学文化。通过对《九章算术》这部分知识的讲解，学生对方程的产生有了初步的印象，激发民族自豪感。

教学评价：
方程是小学数学课程内容中一个十分重要的概念，它将学生的认知引向更加抽象概括的领域。本节课借助天平动画的演示及式子的分类操作，使学生初步了解方程的意义；厘清方程与等式的关系；经历利用等量关系进行方程模型建构的过程；并且在对式子的分类、整理的教学活动中，培养学生观察、描述、分类、抽象、概括及应用等能力。

本节课充分借助动画演示，引导学生经历从直观的天平演示和实物图中，逐步抽象出方程概念的过程，初步体会方程的作用，即在未知数和已知数之间建立等价关系，在大量感性认识的基础上概括方程的本质属性。尤其值得一提的是，方程的意义是学生自己去建构的，学生切实经历了抽象概括并深入理解方程本质属性的过程。在教学中，教师有意引导学生感受数学符号的简洁美，引导学生用数学的方法（集合圈）去表示方程与等式之间的关系，引导学生感知、领悟数学符号的意义，提升学生的数学核心素养；在拓展延伸环节介绍方程的产生背景和发展历程，有助于拓展学生的视野，浸润数学文化，激发学生进一步学习方程的愿望。

（四）比和比例

【教学案例】"比的意义"

课题：比的意义	设计者：顾宇	单位：安师大附外城东校区
教学内容：人教版数学六年级上册第四单元第一课时		

教学目标：
1.在具体情境中理解比的意义，学会比的读法、写法，掌握比的各部分名称以及求比值的方法，探索比与分数、除法之间的关系，掌握比的意义的本质。
2.在自主学习中，积累数学活动经验，提高分析、概括的能力。
3.体会数学知识之间的内在联系，感受数学学习的乐趣。

教学重难点：
教学重点：理解比的意义以及比与分数、除法之间的关系。
教学难点：理解比与分数、除法之间的关系，明确比与比值的区别。

教学准备：课件。

教学过程			
教学流程	数学文化元素	教学活动	设计意图
导入新课	国旗中长与宽的关系，用算式表示；同时，面对新的数学问题，提出"三问"，提高学生的数学综合素养。	师：亲爱的同学们，大家好！今天将由顾老师带领大家一起踏上数学王国的探寻之旅，在上课之前，请同学们准备好数学书、文具和笔记本。 播放"神舟七号"航天员翟志刚出舱视频。 师：2008年9月27日，我国载人飞船"神舟七号"航天员翟志刚在太空中完成首次出舱，也使中国成为世界上第三个掌握太空出舱技术的国家！我们多么自豪！视频中航天员翟志刚在太空里向人们展示中华人民共和国国旗。	通过情境导入，激发学生的爱国情怀和科创意识，在数学思考中引出长与宽的倍数关系，有时还可以用"比"来表示。

		教学过程	
教学流程	数学文化元素	教学活动	设计意图
导入新课		师：这面国旗长45厘米，宽30厘米。怎样用算式表示它的长和宽的关系呢？ （录音） 生1：长比宽多几厘米或宽比长少几厘米可以表示为：45-30=15（厘米）。 生2：可以用45÷30，表示长是宽的多少倍。 生3：也可以用30÷45，表示宽是长的几分之几。 师：同学们，表示长与宽的倍数关系，有时还可以用"比"来表示。 出示板贴。 师：同学们，看到这个课题，你能提出哪些数学问题？ （录音） 生1：什么是比？ 生2：比与除法和分数有什么关系？ 生3：在生活中，哪些地方用到了比？ 师：大家可真了不起，想必其他同学也有这些疑问吧。那么今天，我们就带着问题一起来学习吧！	
探究新知	自学翻转。	1.比的表示。 师：我们可以说：那面国旗长与宽的比是45比30，记作45∶30，中间的这两个点叫作比号。请同学们想一想，30÷45用比又可以怎么说呢？ 师：对！30比45，记作30∶45。 师：两个数的比表示两个数相除。 （录音） 生1：老师，我有个疑问，45比30和30比45一样吗，能随便调换两个数字的顺序吗？ 生2：不可以随便调换两个数字的顺序。因为它们表达的意思不一样，45比30表示45÷30，30比45表示30÷45。	通过举例和思考，了解比的表示方法。

教学流程	数学文化元素	教学活动	设计意图
探究新知	动物界的数学知识，跨学科领域研究，培养学生的综合能力。	2.学习比的各部分名称，以及比与除法、分数之间的关系。 师：同学们，学习了比的含义，下面想一想：比各部分的名称是什么？比还有哪些写法？ 学生活动：自学教材第49页。 在两个数的比中，比号前面的数叫作比的前项，比号后面的数叫作比的后项。比的前项除以后项所得的商叫作比值，如下图所示。 $$45：30=45÷30=\frac{3}{2}$$ 前项 比号 后项 比值 小组汇报，师生总结：比可以表示两个数之间的关系。 3.比还可以表示一个新的量。 师：动物界也有不少比的应用，我们来看这组图片（出示骏马和羚羊的图片），大家知道它们谁跑得更快吗？ 羚羊 vs 骏马 | 名称	路程	时间
---	---	---
羚羊	120米	6秒
骏马	30米	2秒 | 从以上信息中选择两个数量，写出比，算出比值，说说比值表示的含义。 （录像） 生：120：6=20，表示羚羊每秒跑20米； 30：2=15，表示骏马每秒跑15米。	自学活动，适用于五至六年级学段。 通过自然界中羚羊和骏马的小知识，了解比还可以表示一个新的量。

教学流程	数学文化元素	教学活动	设计意图
探究新知	结合以前的知识，巩固单价和工作效率。	师：谁能说说这样的比还可以表示什么含义？ 生：比还可以表示一个新的量。 师生观察之前的国旗图片和现在的骏马羚羊图片，共同总结出比的两种含义。 师（发散）：既然两个量之间的比可以表示一个新的量，那大家思考一下，我们还可不可以举一举这样的例子呢？ 生： 总价：数量=单价，工作总量：工作时间=工作效率。 4.生活中的数学。 师：大家刚才发现这么瘦小的羚羊居然可以跑得比高大的骏马还快，这里面蕴含着什么道理呢？我们来看看。 展示： 师：小腿与大腿的长度的比，被称为crural指数。研究发现，动物的小腿骨与大腿骨长度的比值越大，这种动物跑得越快。大家认识这是谁吗？ 生：博尔特。 师：是的，这是我们人类短跑健将博尔特，现今的100米飞人，世界纪录保持者。教练员在选取体育"苗子"的时候，一般会考察他的crural指数，这说明他们都长着善于奔跑的"羚羊腿"。	为什么瘦小的羚羊可以跑得比高大的骏马还快？引出问题串crural指数，联系紧密，进一步巩固比的知识。 小组活动，学习比与除法和分数的关系。

名称	小腿骨长（厘米）	大腿骨长（厘米）	比值（crural指数）
骏马	23.4	26	0.9
羚羊	15	12	1.25

研究发现，动物的小腿骨与大腿骨长度的比值越大，这种动物跑得越快

小腿与大腿长度的比，被称为crural指数

	教学过程		
教学流程	数学文化元素	教学活动	设计意图
探究新知		5.比与除法、分数的关系。 比和除法有什么关系? ①独立思考。 ②与爸爸妈妈交流,并用合适的方式记录。 师生总结。 (录像) $150 : 15 = 150 \div 15 = \dfrac{150}{15}$ 比的前项对应的是除法中的被除数和分数的分子; 比的后项对应的是除法中的除数和分数的分母; 比号对应的是除法中的除号和分数的分数线。	
巩固练习	用数学的思维思考现实世界。 身体奥秘中的比,充满了数学味,数学文化气息浓厚。	在生活中,哪些地方用到了比? (1)食用调和油。 饱和脂肪酸 : 单不饱和脂肪酸 : 多不饱和脂肪酸 =1:1:1 生解释这一部分比的含义。 (2)身体奥秘。 说说下面比的含义。 两臂平伸时的长度与身高的比大约是1:1 一般情况,婴儿头长与身高的比是$\dfrac{1}{4}$ 学生独立回答,其他学生评价。	

教学过程

教学流程	数学文化元素	教学活动	设计意图
巩固练习	通过微课感受生活。用数学的语言表达现实世界。	（3）刑侦破案。 犯罪现场只留下了一个脚印，长为26厘米，人体脚长和身高比是1∶7，你知道犯罪嫌疑人可能是哪一位吗？ 脚长和身高比约是1∶7 26厘米 $26 \times 7 = 182$（厘米） 160厘米　174厘米　185厘米 ①　②　③ （4）学生说一说生活中还有别的比吗？播放微课。	
拓展延伸		课堂小结： 师：通过本节课的学习，你有什么收获？ 板书设计： 比 两个量之间的关系　一个新的量　生活中的应用	

教学评价：

1.改变了例题的呈现方式，精心选取贴近学生生活的例子，让学生用数学的思想方法去处理这些生活问题，感受到所学知识是看得见、摸得着、用得上的，而且就出现在自己身边的事物中。让学生找出数学信息并通过这些信息提出问题、解决问题，这种例题的呈现形式为学生积极主动自主地探索提供了条件。

2.教学过程体现了细、透、广，这三个方面分别为挖掘教材的广、例题讲解的透和练习设计的多样性。这节课教学内容多，但教师做到了准确把握教材，环环相扣，逐一解决教学内容，每一个知识点都照顾到。

3.练习上题型设计多样，由浅入深，体现了新旧教材的结合，使学生更进一步了解了比与除法、分数之间的关系。

（此课在2022年"芜湖市阳光云课"活动中进行公开展示）

二、在"图形与几何"中渗透数学文化

"图形与几何"是义务教育阶段学生数学学习的重要领域之一，在小学阶段包括"图形的认识与测量"和"图形的位置与运动"两个主题。"图形的认识与测量"包括立体图形和平面图形的认识，线段长度的测量，以及图形的周长、面积和体积的计算。"图形的位置与运动"包括确定点的位置，认识图形的平移、旋转、轴对称。

（一）图形的认识

【教学案例】"三角形的特性"

课题：三角形的特性	设计者：王美君	单位：芜湖市皖江小学
教学内容：人教版数学四年级下册第58~59页例1、例2		

教学目标：

知识与技能：

1.通过动手操作、观察、探究、比较，理解三角形的意义，掌握三角形的特征，知道三角形高和底的含义，会画三角形的高。

2.了解三角形的稳定性，体验数学在生活中的应用价值，培养学生的应用意识。

过程与方法：

引导学生经历观察、比较、探究和操作的过程，感受数学知识之间的联系，培养学生的迁移能力和学习能力。

情感态度与价值观：

在数学活动中体验数学与生活的联系，感受数学的美，在探究中提高学生的学习热情，培养学生的探究能力和实践精神。

教学重难点：

教学重点：三角形的意义和三角形的高。

教学难点：画三角形的高。

教学准备：多媒体课件、三角尺、小棒、四边形和三角形框架。

教学过程			
教学流程	数学文化元素	教学活动	设计意图
导入新课	导入环节引导学生感悟：在三角形的三边长度固定后，三角形的形状就固定了，而四	1.做游戏： （1）教师拿出两个图形的框架。 师：同学们，我们先来玩个变形游戏。 师：请大家把小棒拼成的三角形和四边形拿出来，看看你能把什么图形变形？ 从这个游戏中我们知道了三角形具有稳定性。	让学生在游戏中感受三角形的稳定性，学生对此很感兴趣，同时自然引入本节课的

		教学过程	
教学流程	数学文化元素	教学活动	设计意图
导入新课	边形边的长度固定，形状却不能固定。渗透数学意识。	（2）师：用三根小棒可以摆出几种不同形状的三角形？用四根小棒可以摆出几种不同形状的四边形呢？ 2.揭示课题：三角形的认识。 3.交流： （1）你对三角形已经有了哪些了解？ （2）对于三角形，你还想了解哪些方面的知识？ 教师根据学生的汇报，及时给予评价和指导，并引导学生明确本节课的学习目标。	教学内容。 在动手操作中进一步感悟三角形的稳定性。 让学生说出自己对三角形的认识，了解学生的已有知识经验，同时调动学生已有的对三角形的认知结构，以便于构建新的认知体系。
探究新知	数学在人类生活中的贡献是数学文化的价值体现。	（一）三角形的认识 1.找三角形。 （1）在金字塔中找三角形。 （2）在长江大桥中找三角形。 （3）在身边的物体中找三角形。 请学生找出三角形，并用手比画，同桌交流。 	从三角形的稳定性着手，使学生在寻找三角形的过程中进一步感受到三角形的应用价值，体验数学来源于生活，用之于生活，感受数学与生活的紧密联系。

		教学过程	
教学流程	数学文化元素	教学活动	设计意图
探究新知	画三角形，感悟概念的建构。 归纳概念，体会数学文化的概括美。 用字母表示三角形的名称，数学简洁美的体现。	2.画三角形。 师：见过这么多三角形，请你用直尺画一个三角形，边画边想你是怎么画成一个三角形的? 请学生说出画三角形的方法，师演示画三角形。 师生交流，师板书。 3.三角形的定义。 初步总结三角形的定义。 4.判断：找出图中的三角形。 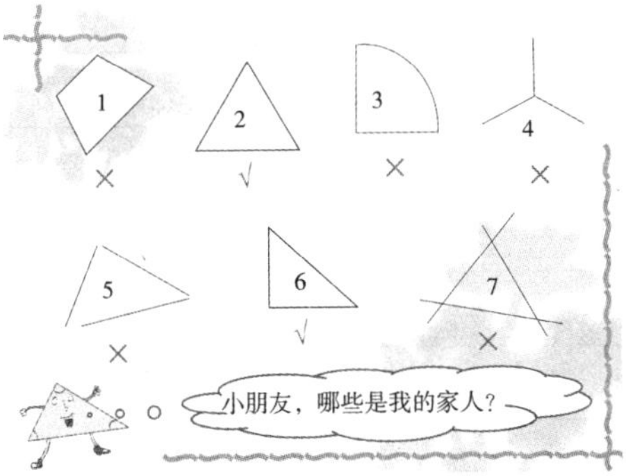 5.三角形各部分名称。 请学生汇报，师及时用课件呈现，请学生互相交流。 请学生读出用字母表示三角形的名称的方法并解释。学生尝试给三角形起名字。 （二）三角形的高 1.平行四边形高的复习。 请学生说出平行四边形高的意义和画法，师运用课件引导学生复习。	在学生挑战画三角形、判断三角形、说三角形的过程中，引导学生在玩中学，在学中玩，发挥学生的主体作用。 学生尝试概括出自己对三角形的初步感知和认识，为总结抽象概括出三角形的意义做好铺垫。 在判断的过程中理解"围成"的意义。

教学过程			
教学流程	数学文化元素	教学活动	设计意图
探究新知	平行四边形高与三角形高的联系，数学思想方法的体现。	从平行四边形一条边上的一点向它的对边引一条垂线，这个点和垂足之间的线段叫作平行四边形的高，垂足所在的边叫作平行四边形的底。 2.平行四边形的高和三角形的高的联系。 师展示课件，学生观察平行四边形的变化，感悟平行四边形的高与三角形的高的联系和区别。 请学生说出两者的关系。 3.探究、交流。 （1）请学生运用平行四边形的学习经验自主探究三角形高的意义。 （2）请学生汇报，师生交流。 引导学生总结三角形高的意义。 从三角形的一个顶点到它的对边作一条垂线，顶点和垂足之间的线段叫作三角形的高，这条对边叫作三角形的底。	学生在给自己画的三角形起名字的过程中，经历了数学的符号化过程，培养了学生的符号意识。从平行四边形的高入手，既调动学生的已有知识经验，也培养学生的学习能力。平行四边形高的画法的复习，既可以降低本节课的学习难度，又可以引导学生构建完整的知识体系。

		教学过程	
教学流程	数学文化元素	教学活动	设计意图
探究新知	在知识的迁移中学会学习，数学思想方法的渗透润物细无声。 数学探究精神的体现。	（3）探究高的画法。 在判断的基础上请学生先画出三角形直角边上的高，并交流。接下来请学生尝试画出下面三角形的高，并请学生演示、交流，课件呈现梳理、总结画高的方法。 一边对底边，他边靠顶点，画出一垂线，标出高符号。	从平行四边形的变化过渡到梯形再到三角形，让学生感受图形之间的联系，也为后面面积的学习埋下伏笔。平行四边形的高与三角形高的对比，使学生初步感知三角形高的意义。让学生自主探究三角形高的意义，充分发挥了学生的自主学习精神，也培养了学生的学习能力。
巩固练习	科学家的故事激发学生的探究精神。	1.判断：红色线段是不是给定底的高？ 出示课件，学生判断。 判断：红色线段是不是给定底的高？ 	高的判断又是一次对高的意义的理解的提升。

		教学过程	
教学流程	数学文化元素	教学活动	设计意图
巩固练习		2.画高练习。 底 3.三角形三条高的秘密：观看微课。	在练习、交流中进一步掌握高的画法，对错误的评析引起学生的自我反思，在反思中提升。 三角形三条高的展示激起学生的学习兴趣，同时爱因斯坦的介绍激发学生对数学探究的兴趣，培养学生的探究精神。
拓展延伸	数学与生活、数学与人文活动的紧密联系，数学文化渗透在我们的生活中。	1.总结本节课所学的知识。 2.欣赏图片：课件出示一组图片，学生欣赏，在欣赏中感受三角形的"美"，同时感受三角形的应用价值，培养学生的安全意识。 3.给三角形做一个自我介绍。 4.通过学习，对三角形有哪些疑问？	总结给予学生自主性。通过对图片的欣赏，引导学生感受三角形的"美"，也感受三角形的应用价值，同时培养学生的安全意识。

教学评价：

本篇教学设计既有显性的数学文化体现，又有隐性的数学文化体现。在三角形概念的建构过程中，充分运用数学的精神引导学生感悟、探究、对比、归纳，数学文化处处皆可见。对高的探究过程则是数学思想方法的最美体现。从平行四边形的高出发，到梯形的高，再到三角形的高，循序渐进，知识的迁移和推理能引导学生突破本节课的教学难点。"三角形三条高"的相关微课又一次激发学生的探究兴趣，培养学生的探究精神。

综观整节课，数学文化的渗透润物无声。

（此课曾经在芜湖市教学研讨活动中进行公开展示）

（二）测量

【教学案例】"圆的周长"

课题：圆的周长	设计者：高巍	单位：芜湖高新区实验学校
教学内容：人教版数学六年级上册第五单元第二课		

教学目标：

1.理解圆周长和圆周率的意义，理解并掌握圆周长的计算方法，并能解决简单的实际问题。

2.用联系的观点展开学习，经历猜想、验证、操作等学习活动，探究圆周率的近似值，在这个过程中发展学生的数学思维水平及动手操作能力。

3.通过了解圆周率的发展史，感受人类对自然科学永不止步的探索精神。

教学重难点：

教学重点：理解和掌握圆的周长的计算方法，并能用公式解决简单的实际问题。

教学难点：在探究圆周率的过程中，掌握学习方法，了解数学历史，感受数学文化，渗透"转化""极限""符号化"等数学思想。

教学准备：直径4～10厘米的圆若干、直尺、绳子、剪刀、学习单。

教学过程

教学流程	数学文化元素	教学活动	设计意图
导入新课	数学思想与观点。	1.教师与学生进行交流。 （1）人与人之间的"联系"。 师：今天老师在这里和大家一起完成一节数学课，是这节课让我们之间建立起了联系。 （2）知识与知识之间的"联系"。 师：数学中也有这样的联系。比如，同学们刚刚学习的分数除法、平行四边形的面积就与什么知识有联系？ 2.揭示课题。 师：今天，我们就用"联系"的观点来学习圆的周长。	课前交流，用"联系"的观点导入。与学生畅聊从人与人之间的联系到数学中知识之间的联系，不管是生活还是学习，世间万物都存在着联系。拉近与学生的距离，渗透联系的观念。

		教学过程	
教学流程	数学文化元素	教学活动	设计意图
初步猜想	数学思想方法。	1.正方形周长与边长的"联系"。 教师出示边长是10厘米的正方形。 师：这个正方形的周长是多少？正方形的周长与边长有什么联系？ 学生观看课件，在观察、思考中感受正方形的周长与边长的"联系"。 2.根据外方内圆图形的特点，发现正方形与圆的"联系"。 师：把正方形像这样对折两次，以折痕的交点为圆心在正方形里画一个最大的圆。 问：圆与正方形有联系吗？什么联系？ 学生观看课件，在观察、思考中感受正方形的周长与圆的"联系"。 **猜想** 10厘米 $C_正=4a=4×10=40$厘米 正方形的周长是边长的4倍，圆的周长大约是直径的几倍？ 3.猜测圆与直径的"关系"。 师：正方形的周长与边长有关系，那么圆的周长与什么有关系？ 师：正方形的周长是边长的4倍，请同学们猜一猜，圆的周长大约是直径的多少倍呢？ 板书学生的猜测：2倍、3倍、3.14倍、4倍。 师小结：同学们依据知识之间的联系大胆猜测圆与直径的关系，到底谁的猜测比较准确呢？下面我们来验证。	以外方内圆特殊图形展开探究，从学生最熟悉的正方形（直线图形）的周长与边长的联系进一步对圆（曲线图形）的周长与直径的联系进行猜想，以此将新知与旧识"联系"起来。

	教学过程		
教学流程	数学文化元素	教学活动	设计意图
实践验证	数学实践、数学语言、数学思想方法及数学精神。	1.出示活动要求。 活动要求：四人为一小组，选取合适的工具，合作测量圆的周长，并思考圆的周长大约是直径的几倍，最后将结果记录在学习单上。 2.教师巡视小组实验情况，与学生交流验证的方法，并拍摄学生操作的实验视频上传分享。 师：这三个小组想把他们的方法分享给大家。 3.课件展示"分割法"。 师：你同意他们的方法吗？能测出圆的周长吗？你觉得这样精确吗？ 师：把圆平均分成若干个扇形，被平均分的份数越多，扇形的弧线就越接近直的线段。他们大胆地把圆"破坏"掉，不破不立，有破才能立，对这种创新精神鼓励一下。 师小结：不管是滚动、绳测还是分割，都是把不容易测量的曲线转化成容易测量的线段。同学们运用了化曲为直的策略，这也是数学当中的转化思想。	小组合作，共同完成实验，体现团队合作精神。学生在实验操作中感受化曲为直的策略，渗透转化和极限的数学思想方法。 移动设备走入课堂，拍照上传分享学生的验证方法，信息化教学改变教与学的方式，体现课堂学习的自主性、交互性、生成性，提高课堂教学效率。学生选取不同的方法进行实验验证，给予学生发挥想象的空间，鼓励学生进行创新。

第三章　课堂教学革命与数学文化的对话

教学过程			
教学流程	数学文化元素	教学活动	设计意图
二次猜想	数学思想方法。	1.统计①~⑤组的实验结果。 师：同学们分享了非常巧妙、富有创意的方法，你们周长测量的结果是多少。 2.对比数据，发现问题。 师：你们测的是同样大小的圆吗？怎么结果不一样？ 追问：在实验操作中需要注意什么？ 学生观察比较统计表中的数据，发现实验是存在误差的，并提出改进意见。 3.数据分析，发现规律。 师：尽管实验存在误差，但我们能不能从这些粗略的数据中发现相同的地方？周长是直径的几倍？ 学生从①~⑤组的实验数据中发现规律。 4.统计⑥~⑩组的实验结果。 师：同样大小的圆有这样的规律，不同大小的圆也有类似的规律吗？ 师：这些圆的周长是直径的几倍？ （见下表） 5.以小见大，再次猜想。 师：再次猜想：任意一个圆，它的周长是直径的几倍？ 学生从研究同样大小的圆，到研究多个不同大小的圆，再到对任意圆周长与直径的"联系"进行二次猜想。 师小结：经过实验操作、再次猜想，我们离答案又近了一步。关于这个问题，人类在几千年的时光里不断地探索着。	①~⑤组学生的学具是直径为10厘米的圆，⑥~⑩组学生的学具分别是直径为4、5、6、7、8厘米的圆。学生用多种大小不同的圆进行验证。 通过一系列探究活动，学生发现圆的周长与直径在不断地变化，但是它们的比值都是3倍多一点。

组号	①	②	③	④	⑤	⑥	⑦	⑧	⑨	⑩
C	31.4	32.3	31.2	32	30.4	12.5	16.3	19	22.1	25.1
d	10	10	10	10	10	4	5	6	7	8
圆的周长大约是直径的几倍	3.14	3.23	3.12	3.20	3.04	3.13	3.26	3.17	3.16	3.14

	教学过程		
教学流程	数学文化元素	教学活动	设计意图
感受历史	数学家、数学发展史及数学精神。	1.微课展示圆周率的发展史。 （1）实验时代。 （2）几何法时代。 （3）计算机时代。 学生观看微课，了解圆周率的发展历史，感受人类对自然科学不断探索的精神。 2.师小结：纵观人类的探究史，经历了实验操作、数学方法以及计算机时代，尽管已经探索到成千上万位，但终究有一个遗憾。	了解人类探究圆周率的历史，感受人类对自然科学不断探索的精神。 了解中国古代数学的发展史，感受刘徽和祖冲之的科学成就，增强民族自豪感。
得出结论	数学概念、数学公式以及数学美。	1.圆周率的意义。 生：这个数算不完、无穷无尽，而且没有规律。 师：这个数是一个无限不循环小数。 师：那圆的周长与直径的关系用什么来表示呢？ 师：π应运而生，是这个简洁的符号使"≈"拉直变成"="。 师：圆的周长是直径的多少倍？ 师小结：任意一个圆的周长与它的直径的比值都是一个固定不变的数，这个数就是圆周率，用π表示。它是一个无限不循环小数。 2.根据圆周率推出圆周长的计算公式。 师：有了π，还需要测量圆的周长吗？	在了解了圆周率的发展史后，学生感受到这个数值无极限、无规律的特点。以此突出圆周率π的价值，渗透数学的符号化思想，让学生感受数学的简洁美。

第三章 课堂教学革命与数学文化的对话

		教学过程	
教学流程	数学文化元素	教学活动	设计意图
得出结论		**结论** $$\frac{C}{d}=\pi \rightarrow C=\pi d=2\pi r$$ 学生根据结论推出圆周长的计算公式。 师小结：根据我们得到的结论，可以推出圆周长的计算公式。这样就可以更精确简便地计算圆的周长了。	最后通过结论推出圆周长的计算公式，并在后面的练习中感受公式的精确性、简便性。
基础练习	数学知识应用。	1.圆周长计算公式的应用：已知直径，求圆的周长。 **应用** $d=10$厘米 $C=\pi d$ 3.14×10 $=31.4$（厘米） 师：刚才大家通过实验操作测量出圆的周长，现在你会怎么做？ 2.圆周长计算公式的应用：已知半径，求圆的周长。 **应用** $r=50$厘米 $C=2\pi r$ $3.14\times2\times50$ $=314$（厘米） 师：小球旋转一圈的长度是多少？ 学生应用圆周长的计算公式解决实际问题。	已知圆的直径，求圆的周长。 已知绳长，求小球在空中旋转一圈的长度。使学生明确线的长度就是圆的半径，引导学生经历生活化到数学化的过程。

		教学过程	
教学流程	数学文化元素	教学活动	设计意图
拓展延伸	数学与生活。	3.圆周长计算公式的应用：联系实际，综合运用。 （1）芜湖三只松鼠主题公园（芜湖地标建筑）——松鼠小镇，园区内的全国第一高摩天轮坐落在一座假山上，假山高13米。乘坐一次大约需要30分钟，摩天轮转动的速度大约是每分钟12.56米。请你提出一个有关摩天轮的数学问题。 （2）独立完成，再在组内交流方法。 全国第一高（辐条式）——松鼠小镇摩天轮。摩天轮坐落在一座假山上，假山高13米。乘坐一次摩天轮大约需要30分钟，摩天轮转动的速度大约是每分钟12.56米。松鼠小镇摩天轮的高度是多少米？ 学生独立思考解决摩天轮高度的问题，再在组内交流想法。 师小结：同学们运用今天所学的知识，经历了发现问题、提出问题的过程，并分析、解决了问题。	用芜湖的地标性建筑——松鼠小镇的问题来激发学生兴趣。培养学生的几何直观能力，并从实际问题抽象出几何图形，提升学生将实际问题转化成数学问题，以及综合运用知识解决问题的能力。
课堂总结	数学思维结构。	 师：请你观察板书，谈谈这节课你有什么收获？	学生结合黑板上系统化、结构化的板书，回顾思考并分享本节课的收获。

教学评价：

"圆的周长"这节课是学生初步研究曲线图形的基本方法的开始，也是后面学习圆的面积以及今后学习圆柱、圆锥等知识的基础，是小学几何初步知识教学中的一项重要内容。本课的重点是理解和掌握圆的周长计算方法，并能运用公式解决一些实际问题，难点是在猜想、验证、推导、探究圆周率的过程中，了解数学历史，感受数学文化，培养数学精神，渗透"转化""极限""符号化"等数学思想。学生在多样的数学实践和真实的数学情境中，共学共进，滋养思想，主动建构，深掘本质，习得方法，培育精神。

本课主要以一个观点（"联系"的观点）为统领，从方与圆的联系展开学习；以三条"线"（第一条线：研究问题的路径，科学探究线。第二条线：数学思想方法线。第三条线：圆周率的发展史，历史沿革线）为主轴，通过化曲为直转化的方法测量验证，又了解了圆周率的发展历史，感受到数学符号 π 的简洁神奇，最后利用结论简便快捷地解决实际问题，以此助力学生落实本课的知识、能力、方法及核心素养目标。

（此篇教学设计在2020年安徽省小学数学优质课比赛中荣获二等奖，在2021年芜湖市优秀课例展示活动中公开执教）

（三）图形的运动

【教学案例】"轴对称"

课题：轴对称	设计者：谢明娟	单位：芜湖市北塘小学
教学内容：人教版数学四年级下册第七单元第一课时		
学情分析： 学生在此之前已经初步感知了生活中的轴对称现象，初步认识了轴对称图形，了解了轴对称和轴对称图形的一些基本特征，并能根据轴对称图形的特征，在一组图形中识别出轴对称图形。在此基础上，本课让学生进一步认识轴对称图形，探索图形成轴对称的特征和性质，并能在方格纸上画出轴对称图形。		
教学目标： 1.进一步认识图形的轴对称，探索轴对称图形的特征和性质，并能在方格纸上画出一个轴对称图形。 2.通过各种实践活动，培养学生的观察能力、动手操作能力和创新思维能力。 3.欣赏图形变换所创造出的美的过程，培养学生的审美意识，感受对称在生活中的应用，体会数学的价值。		
教学重难点： 教学重点：探索轴对称图形的特征及画轴对称图形的方法。 教学难点：在作图中探索轴对称的本质特征。		
教学准备：课件、操作学具。		

		教学过程	
教学流程	数学文化元素	教学活动	设计意图
导入新课	通过生活中对称的建筑，体现数学中的对称美。	1.创设情境，引出对称。 师：芜湖最新、最热门的景点在哪里？ 生：芜湖古城。 课件出示芜湖古城的图片，请学生说说感受。 生：是对称的。 课件播放视频，让学生欣赏芜湖的美景，并寻找哪些建筑是对称的。 学生汇报，课件随机出示。 2.师：生活中轴对称应用很广泛，数学中的轴对称是怎样的呢？ 课件出示几幅平面图形，这些图形有什么相同点？ 根据学生回答，引出课题"轴对称"。 师：你能找到这些轴对称图形的对称轴吗？在练习纸上画一画。 课件反馈。	导入环节，通过呈现家乡芜湖对称的建筑和生活中常见的轴对称图形，在爱家乡的德育渗透中唤起学生已有的轴对称图形、对称轴的生活经验。

第三章　课堂教学革命与数学文化的对话

续 表

		教学过程	
教学流程	数学文化元素	教学活动	设计意图
探究新知	小组合作的方式，培养了学生的合作意识。	1.合作学习，认识轴对称特征。 课件出示教材第83页例1小树图案。 提问：在小树上找两个点，你能发现什么？如果连接这两个点，你又有什么发现？ 学生组成四人小组，围绕这两个问题，展开合作学习。 2.汇报交流。 生：这两个点到对称轴的距离相等。 生：如果把这两个点连接起来，这条连线与对称轴互相垂直。 课件动态演示，证实学生的发现。 师小结归纳：同学们的发现很好，数学上把轴对称图形上到对称轴距离相等的两个点叫作对称点。大家还发现了一个重要的性质，就是每一组对应点到对称轴的距离都相等，对应点连线垂直于对称轴。这个性质很关键，可以帮助我们解决很多实际问题。 	探究新课环节，引导学生观察、操作，发现轴对称图形的特征和性质，并运用其性质画出轴对称图形的另一半。

		教学过程	
教学流程	数学文化元素	教学活动	设计意图
探究新知	在展示四幅作品时，运用对比的思想方法，帮助学生厘清画图准确性的前提离不开轴对称图形的特征。	3.实践探究，深化认识。 课件出示第80页例2：你能补全这个轴对称图形吗？ 请学生试着画一画，想想怎样画得又好又快？ 请学生在实物投影上展示自己的作品，其他学生评价这四幅作品，并让画得最好的同学分享绘图经验。 教师带领学生小结绘图方法：一找到图上所有线段的端点，二根据对称点到对称轴的距离相等确定对称点，三依次连接这些对称点。也就是"一找二定三连"。	
巩固练习	通过生活中对称的建筑、中国剪纸艺术等，进一步感受数学的美，体会数学的价值，浸润数学文化。	1.生活中还有哪些图案是轴对称的？ 学生自由回答。 课件出示部分轴对称的图案。 	巩固应用环节，通过生活中的对称的建筑、京剧脸谱、中国剪纸艺术等，让学生感受对称现象在现实生活中的应用，在文化的熏陶中进一步感受到数学的美，体会数学的价值。

第三章　课堂教学革命与数学文化的对话

教学过程			
教学流程	数学文化元素	教学活动	设计意图
巩固练习	通过播放京剧脸谱的视频，浸润数学文化。	2.师：课的一开始，展示了我们的家乡芜湖的美丽风景，其中有很多建筑是对称的，你还知道古今中外有哪些著名的建筑也是对称的吗？ 学生自由回答。 课件出示"生活中的数学"，与学生交流。 3.找到京剧脸谱的另一半。 课件播放京剧脸谱的视频。 师：京剧脸谱是一种具有中国文化特色的特殊化妆方法。因为演员的脸本身就是对称的，而大多数脸谱均是根据人脸的构造所设置的，因而绝大多数脸谱都是对称的。京剧脸谱艺术是广大戏曲爱好者非常喜欢的一门艺术，国内外都很流行。脸谱来源于舞台，大家在有些大型建筑物、商品包装、各种瓷器以及人们穿的衣服上都能看到风格迥异的脸谱形象，脸谱艺术已经被公认为是中国传统文化的标识之一。	

		教学过程	
教学 流程	数学文化元素	教学活动	设计意图
巩 固 练 习	开放练习题，培养学生思维的全面性，以及严谨的科学态度。	请学生找到脸谱的另一半，连一连。 4.根据教师给出的轴对称图形的一半（没有给出对称轴），学生在方格纸上补全图形的另一半。 	这道开放练习题的设计，让不同层次的学生有不同的发展。
拓 展 延 伸	欣赏中国剪纸文化视频，渗透中华优秀传统文化，感悟数学美。	**欣赏剪纸文化** 教师出示半只蝴蝶的剪纸，让学生猜测这是什么？如何得到的？ 师：中国剪纸是一种用剪刀或刻刀在纸上剪刻花纹，用于装点生活的民间艺术。折叠剪纸是民间最常见的一种制作表现方法，就是经过不同方式折叠剪制而成的剪纸，适用于表现结构对称的形体和对称的图案，而且剪开后极为对称。2006年，剪纸艺术遗产被批准列入第一批国家级非物质文化遗产名录；2009年，中国剪纸项目入选"人类非物质文化遗产代表作名录"。 请学生欣赏一段折叠剪纸视频，渗透剪纸文化。 课后请大家在方格纸上设计美丽的轴对称图形，剪出自己喜欢的作品。	通过欣赏中国剪纸文化，将数学与传统文化紧密相连，激发起学生的民族自豪感。同时使学生感悟传统文化中的数学美。

第三章　课堂教学革命与数学文化的对话

教学评价：

1.在第一学段学生直观认识轴对称图形的基础上，本节课引导学生通过生活的实例进一步理解轴对称图形，探索轴对称图形的特征和性质；让学生能在方格纸上画出一个轴对称图形的另一半。在观察、操作活动中，帮助学生积累图形运动经验，描述或画出图形的运动和变化，促使学生在探索和理解"运动"的过程中，体会轴对称在现实生活中的广泛存在性，学会用数学的眼光观察世界，感受数学的应用价值、文化价值和美学价值。

2.本节课既是一节数学课，也是一节中华传统文化的美育课，将数学与传统文化紧密相连，激发起学生的民族自豪感。

（四）图形与位置

【教学案例】"位置"

课题：位置	设计者：赵丽娟	单位：芜湖市北塘小学
教学内容：人教版数学五年级上册第二单元		

教学目标：

1.能用数对表示具体情境中物体的位置，会在方格纸上用数对确定位置。

2.通过形式多样的游戏与练习，让学生熟练掌握用数对确定位置的方法，发展其空间观念，初步体会数形结合、一一对应的数学思想，提高学生运用所学知识解决实际问题的能力。

3.经历探索确定物体位置的方法的过程，让学生在学习的过程中发展空间观念。

4.使学生感受确定位置的丰富现实情境，体会数学与日常生活的密切联系，并培养学生应用数学的意识。

教学重难点：

教学重点：掌握用数对确定位置的方法。

教学难点：让学生初步体会数形结合、一一对应的数学思想。

教学准备：课件。

教学过程			
教学流程	数学文化元素	教学活动	设计意图
导入新课	以上海世博会为情境，引导学生感受祖国的富强，同时激趣导入。	师指大屏幕：同学们，这是一张世界地图。2010年，就在这个红点所标示的位置，举办了一场面向全世界的盛大聚会，你们知道这是哪儿吗？（中国上海）	2010年上海世博会是中国举办的首届注册类世界博览会，有246个国家和国际组织参加，展现了人类在社会、

		教学过程	
教学流程	数学文化元素	教学活动	设计意图
导入新课		 师：这么盛大的聚会，咱们一起去看看吧！（播放上海世博会的视频）谈谈你的感受。 师：我们班有位同学对世博会很感兴趣！咱们去找找吧。	经济、文化和科技领域取得的伟大成就。
探究新知	引导学生感受数学的简洁美。	（一）认识数对（例1） 1.认识列行。 师：我们班有25个学生，你们知道是谁要去看世博会呢？ （学生自由回答） 师：老师给你们一点提示吧。（板书：2，3）可能是谁呢？说说看你是怎么想的？ 学生汇报，并说明自己数的方法和顺序。 师：同学们都由这两个数联想到了班级同学的位置（板书课题），很不错。可是为什么同一个提示却找出了不同的同学呢？（引导学生发现大家描述位置的词都不同，数的顺序不同，结果也不同） 师：看来咱们需要一个统一的规定啊。 同学们，为了我们在确定位置的时候语言达成一致，一般规定：竖排叫作列，横排叫作行。确定第几列一般是从左往右数，确定第几行一般是从前往后数。 师：老师给的提示完整地说应该是第2列，第3行（补充板书）。有了统一的规定，你们现在能确定到底是哪位同学吗？	创设矛盾，引导学生感受"统一规定"的必要性。

第三章　课堂教学革命与数学文化的对话

	教学过程		
教学流程	数学文化元素	教学活动	设计意图
探究新知		师：你们能确定小亮的位置吗？ 学生回答，师板书：第3列，第2行。 师：请同学们在作业纸上写出小华和小磊的位置。（一人板演） 2.认识数对。 师：有了列和行的规定，咱们确定位置就准确了。只是写起来有点麻烦，有没有更简洁的方法呢？（学生回答） 师：刚才我们在确定位置时用了几个数据？（两个，列和行）那我们就可以用这两个数组成数对来表示出一个确定的位置。（板书：数对）在用数对表示位置时，一般先表示第几列，再表示第几行。可是这样写就可以表示位置了吗？怎么办呢？（引导学生说出要用括号把列数和行数括起来，并在列数和行数之间写个逗号，把两个数隔开）（板书） 师：数对（2，3）表示的是什么位置呢？（第2列，第3行）那么第3列、第2行应该写作数对（3，2）。 请学生用数对写出刚才另外两名同学的位置，一人板演。 3.确定班级同学的位置。 师：咱们班级同学的位置怎么确定呢？ 请一生上前，带领同学一起数数班级的列和行。 师：谁来确定一下自己的位置？ 指名两人回答后，请所有学生同桌互说。 4.游戏巩固新知。 师：我们来做个找朋友的游戏吧！你们先自己找一找、数一数好朋友的位置，然后写出你的一位好朋友的位置，其他同学来找一找吧。 师：哎哟，这么多同学都想玩游戏啊，那咱们一起玩吧！要求：请在作业纸上用数对写出你的一位好朋友的位置。	在学生创造的基础上自然引出"数对"的标准写法，充分展现以生为本的教学理念。
	将数学与生活紧密联系，体现数学的应用价值。		

<table>
<tr><td colspan="4" align="center">教学过程</td></tr>
<tr><td>教学流程</td><td>数学文化元素</td><td>教学活动</td><td>设计意图</td></tr>
<tr>
<td rowspan="2">探究新知</td>
<td>播放视频，初步感受世博会的盛大场面与文化体现。</td>
<td>出示学生写的数对，让大家猜猜他的好朋友。
（渗透——对应的数学思想）
师：请把你们写的数对给四人小组内的同学看看，让他们猜猜你的好朋友是谁。
（二）掌握运用数对（例2）
1.引入、观察示意图。
师：小惠要去参观世博会，她可高兴了。她上网查了一下：上海世博园区共分为A、B、C、D、E五个片区，有两百多个国家或地区的展馆。
师：大家看，这就是上海世博园区的展馆地图，你可以找出刚才的那些展馆吗？（太小了）
那我们把地图放大一些，现在只能看到部分地区了，这些色块就表示一个个展馆。
问：现在可以描述这些展馆的位置了吗？（不好描述）
出示部分展馆位置的示意图。

世博会部分展馆示意图
</td>
<td>借助游戏激发学生学习兴趣，及时巩固所学知识。

选取学生熟悉的国家、地区展馆制成视频，带领学生领略世博会的盛况。</td>
</tr>
<tr>
<td>在对比中感受用数对表示点与用数对表示方格的区别。</td>
<td>师：大家观察一下，这幅示意图与我们刚刚的地图有什么不同呢？四人一小组讨论一下吧！
（引导学生发现：①各展馆都画成一个点，只反映各展馆的位置，不反映其他内容；②表示各展馆位置的那些点都分散在方格纸竖线和横线的交点上；③方格纸的竖线从左到右依次标注了0、1、2、…、6，横线由下往上标了0、1、2、…、6，其中的"0"既是列的起始，也是行的起始；④这些数正对着横线和竖线。）</td>
<td>通过对比，引导学生发现区别，培养学生细致的观察能力。</td>
</tr>
</table>

<table>
<tr><td colspan="4" align="center">教学过程</td></tr>
<tr><td>教学流程</td><td>数学文化元素</td><td>教学活动</td><td>设计意图</td></tr>
<tr>
<td rowspan="2">探究新知</td>
<td>渗透一一对应的数学思想。</td>
<td>

2.根据位置写数对。

师：吉祥物海宝确定了广场的位置。你们知道数对（4，0）表示什么意思吗？

问：你们能用数对确定其他几个展馆的位置吗？请学生在练习纸上写一写。

学生汇报，集体反馈。

世博会部分展馆示意图

中国国家馆　（4，1）
马来西亚馆　（2，1）
上海企业联合馆　（2，5）

一个位置只能用一个数对来确定

问：中国国家馆的位置我们用（4，1）来表示，那么这个馆的位置还可以用其他的数对来表示吗？

海宝：一个位置只能用一个数对来确定。

3.根据数对找位置。

师：如果给你数对，你能确定它所表示的位置吗？请根据所给数对在刚才的示意图上标出日本馆、希腊馆和世博文化中心的位置。

世博会部分展馆示意图

日　本　馆　（5，4）
希腊馆　（0，1）
世博文化中心（4，3）

一个数对只能确定一个位置。

</td>
<td></td>
</tr>
<tr>
<td>在对比中引导学生感受数对中每个数的具体含义。</td>
<td>

问：这个数对（0，1），除了表示希腊馆，还能表示其他的位置吗？

海宝：一个数对只能确定一个位置。

</td>
<td>引导学生探究根据数对确定位置。</td>
</tr>
</table>

教学过程			
教学流程	数学文化元素	教学活动	设计意图
探究新知	初步培养学生的代数意识。 数形结合，感悟本质。	4.渗透数形结合。 （1）师：请大家观察一下表示中国国家馆和马来西亚馆的位置的数对，你发现了什么？（这两个数对中的第二个数都是1）对照示意图，看看为什么第二个数都是1呢？（这两个展馆在同一条横线上） 师：如果有两个展馆在同一条竖线上，那么确定它们位置的数对有什么特点呢？（数对中第一个数相同） （2）师：如果我告诉同学们朝鲜馆的位置用（x，3）来表示，能确定在哪里吗？为什么？（让学生明确必须有两个数才能确定一个位置） 师：那么根据这个数对（x，3），你能知道些什么呢？（在第3行） 师：这行中的所有点连接起来正好是（生：一条横线）。 师：那么这行中的任意点都可能是朝鲜馆吗？ 师：要确定朝鲜馆的位置，你还想知道什么？ 生：加一个关于"列"的数据。 师：我把x换成6，现在你能确定了吗？（请生在图中标出来） （3）师：我发现我们（4，y）位置的同学发言非常积极，请站起来，老师要表扬一下。（第4列的同学都站起来了） 师：为什么这一列的同学都站起来了？（都是第4列的学生，y不是准确的数） 师：那么他们都可能是数对（4，y）吗？ 师：把他们连起来（正好是一条竖线）。 那他们的准确位置分别是（4列1行，4列2行……）。 师：这其中有一位同学表现特别棒，你们知道是数对多少吗？ （4）师：海宝想找这个位置的点，你们看看这个数对有什么特点？可以表示这个图中所有的点吗？可以表示哪些点呢？	引导学生探究根据数对寻找位置。 将字母引入数对，引导学生初步感受字母可以表示不确定的数据。

第三章 课堂教学革命与数学文化的对话

		教学过程	
教学流程	数学文化元素	教学活动	设计意图
探究新知		学生自由发言，找出（0，0）（1，1）（2，2）…（6，6）位置。 师：如果这里的格子更多一些，数对（a，b）还可以表示哪些位置呢？（引导学生一直无穷尽地找下去） 师：这些点连起来正好是（生：一条斜线）。	
巩固练习		1.描一描，连一连。 师：刚才我们用一些数表示出了点的位置，连接起来形成了一条横线、竖线或斜线。如果我们再把一些点连接起来，还可以形成一些有趣的图形呢！ （课件出示"做一做"第2题）请学生根据所给数对描出下面各点，再把这些点连成封闭图形。 师提示：什么叫封闭图形？（首尾相连，围起来的图形） 学生活动。（一生板演） 反馈，先检验点的位置是否正确。 连一连： 描出下列各点并连接成封闭图形。 A（5，9） B（2，1） C（9，6） D（1，6） E（8，1）　　　　依次	
	培养学生的发散思维能力和良好的审题习惯。	师：为什么有的同学连起来是五边形，有的同学连起来是五角星呢？（引导学生发现连的顺序不同） 我们来看看教材，书中的题目和老师的题目有什么不同呢？按照这个要求画出来还可能是两种不同的图吗？那么连起来的应该是什么图形？ 师：咱们可以用数对确定点的位置，连接成各种图形。	改编题目，创设开放的情境，发展学生的思维能力。

		教学过程	
教学流程	数学文化元素	教学活动	设计意图
巩固练习	海宝寓意的介绍，给学生渗透世博文化。	2.涂一涂。 （课件出示涂格子的图） 师：观察一下，这幅图与刚才的图有什么不同？（引导学生发现刚才的数对表示点，这幅图的数对表示方格；刚才横轴、纵轴的数对应的是横线、竖线，这幅图的数对应的是两条线之间的格子） 师：大家看这幅图，右边的第一个数对（5，6）表示哪个位置？（第5列，第6行）咱们找到这个方格，把它涂上颜色。你们能根据右边的这些数对接着涂一涂吗？ 学生活动。 涂一涂：根据右边的数对接着涂一涂。 (5,6)　(8,6) (5,5)　(9,6) (4,4)　(11,2) (3,3)　(12,2) (4,2)　(13,2) (5,2)　(14,3) (6,2)　(13,4) (7,15)　(12,5) 师：猜一猜，这是什么？如果添上一对大大的眼睛、两只手，原来是调皮的海宝啊！ （课件介绍海宝寓意：四海之宝，进行德育渗透）	将海宝图案设计成有趣的涂色游戏，既巩固练习，又激发学生的学习兴趣。
拓展延伸	将数学与生活紧密相连，体现数学的应用价值。	1.师：同学们，这节课你们有什么收获吗？（板书课题） 2.师：在生活中，还有哪些确定位置的例子呢？怎样确定呢？ 3.最后出示世界地图，师问学生：你们猜猜老师在这么大的图上是怎么找到上海的位置的？（课件介绍经线、纬线）	学生自由回答，课件随机演示生活中的位置：电影院、象棋、围棋、经度、纬度……

	教学过程		
教学流程	数学文化元素	教学活动	设计意图
拓展延伸		通过地球上的经度和纬度，人们可以确定一个地点在地球上的位置 安徽省芜湖市的地理位置是北纬31°19′，东经118°22′ 上海的地理位置是北纬31°14′，东经121°29′ 北京的地理位置是北纬39°9′，东经116°4′ 师：我们的首都是北京，万众瞩目的世博会在上海举办，第30届奥运会在英国伦敦举办。 师：你们还想去哪儿呢？知道它的位置吗？ 师：聪明能干的同学们，希望你们回去以后能应用我们所学的知识，自己找一找、查一查，尝试独立解决问题吧！	

教学评价：

在"位置"这节课中，我充分将信息技术方法、手段整合在数学课堂教学之中，有效地架起了"数"与"形"之间的桥梁，加强了知识之间的相互联系，引导学生发现了数学本质问题，培养了学生的创新精神与实践能力，极大地争取教学最优化。教学反思如下：

1.利用信息技术手段创设了"上海世博会"情境，并贯穿课的始终，激发学生积极主动地参与到课堂数学活动之中。整节课学生热情高涨，一次次激烈的辩论、一次次精彩的发言不时地在课堂上出现，直到课的结束，学生依然流连忘返，继续讨论着与位置相关的内容。

2.利用多媒体课件的演示及交互式电子白板的应用，将"数"与"形"紧密结合，引导学生发现数学本质，突出教学重点，突破教学难点，发展学生空间观念。同时将实物投影仪与电子白板相连接，将学生作业直接反馈在屏幕上，引导学生集体分析、反馈，取得了较好的教学效果。

3.在整节课的探究过程中，不断地渗透着数形结合、一一对应等数学思想，既解决了教学中的重难点问题，又为学生以后的自主数学学习打下了坚实的基础。

4.将"数学"与"生活"紧密联系，从情境导入到新知探究再到巩固练习、拓展延伸，无不紧密联系生活，让学生深深体会数学在生活中的应用，从而充分体现了数学的应用价值。

（此篇课例曾经在广西柳州作为教材培训公开展示）

三、在"统计与概率"中渗透数学文化

统计与概率是义务教育阶段数学学习的重要领域之一，在小学阶段包括"数据分类""数据的收集、整理与表达"和"随机现象发生的可能性"三个主题。学生在学习过程中，了解统计与概率的基础知识，感悟数据分析的过程，形成数据意识。

【教学案例】"可能性"

课题：可能性	设计者：陈雯震	单位：芜湖市棠梅小学

教学内容：人教版数学五年级上册第四单元第一课时

教学目标：
1.学生初步体验有些事情的发生是确定的、有些事情的发生是不确定的，并能用"一定""可能""不可能"等词语来描述随机事件发生的可能性。
2.在经历"猜想—实践—验证"的过程中，培养学生的猜想意识、表达能力以及初步的判断和推理能力。
3.感受生活与数学的联系，激发学生学习数学的兴趣。

教学重难点：
教学重点：通过活动让学生充分体验事件发生的确定性和不确定性。
教学难点：通过活动让学生充分体验事件发生的不确定性。

教学准备：课件、操作学具。

教学过程

教学流程	数学文化元素	教学活动	设计意图
导入新课	在"猜想—实践—验证"的过程中，初步培养学生的猜想意识、表达能力以及初步的判断和推理能力。	1.教师出示一个空盒子（有一面是透明的），然后将红、黄、蓝三个小球放入其中。 师：任意摸一个球，会是什么颜色的球？ 生：可能摸出红球。 生：可能摸出黄球，也可能摸出蓝球。 师：你们用的词非常好，"可能"（板书）。请一位学生随机摸球，加以验证。 2.教师把刚刚摸出的蓝球放在盒子外面。 师：现在，任意摸一个球，会是什么颜色？ 生：可能是红球，也可能是黄球。 生：不可能是蓝球。 师：为什么不可能是蓝球？ 生：盒子里没有蓝球了，所以不可能是蓝球。	"可能性"对于五年级的学生来说并不是完全空白的知识点，学生在生活和学习中已经具有一些简单随机现象的知识基础与生活经验。这里用学生熟悉的"摸球"游戏导入新课教学，让学生在猜测中感受，在活动中明晰，以形成对"可能性"的初步

		教学过程	
教学流程	数学文化元素	教学活动	设计意图
导入新课		师板书："不可能"。 请一位学生随机摸球，加以验证。 3.教师再把摸出的黄球也放在盒子外面，这时盒子里只剩下一个红球了。 生：一定摸出红球。 师：为什么说"一定"摸出红球？可能摸出黄球或蓝球吗？ 生：盒子里只有红球，那么摸出的球一定是红球，不可能是黄球或蓝球。 师板书："一定"。 师：谁来摸一下验证验证呢？ 师：今天这节课，我们就围绕这三个词"可能""一定""不可能"来玩一玩摸球游戏。	认识，同时有效地激发了学生的学习欲望，吸引学生参与到数学学习中。
探究新知	在摸球游戏中，培养了学生合情推理的能力。	1.教师用课件出示了"猜盒子"的游戏规则。 猜盒子 A B C D 活动规则： 1.A、B、C、D四个盒子打乱顺序，每个盒子里面都有四个球，请一名学生到讲台前摸球，另一名学生记录结果。 2.再把球放回盒子里，摇一摇接着摸，并做出判断，每个盒子只有四次摸球机会。 师：为了表示公正，我将这四个盒子随机打乱放在讲台上，待会儿请摸球的同学自己选择盒子。 2.第一位学生看了半天，选了中间的盒子，教师标记为①号盒。 第一次摸球：蓝球。 生：可能是B盒，也可能是C盒、D盒。 第二次摸球：蓝球。 生：可能是B盒，也可能是C盒、D盒。 生：D盒可能性最大。	本环节旨在通过自主选盒子摸球判断是哪个盒子，让学生亲历猜想、实践、验证、交流，丰富学生对确定事件和不确定事件的体验。

		教学过程	
教学流程	数学文化元素	教学活动	设计意图
探究新知	学生在质疑中明晰事件的可能性。同时培养了学生严谨的科学态度、数学的理性思维。	第三次摸球：蓝球。 生：连续摸三次都是蓝球，一定是D盒。 生：也有可能每次摸到的都是刚刚放进去的那个球，所以B盒、C盒、D盒都有可能。 第四次摸球：蓝球。 生：可能是D盒，也可能是B盒、C盒。 生：不可能是A盒，因为A盒中全是黄球，没有蓝球。 师：摸了四次都是蓝球，可以确定是D盒吗？ 生：不能确定，也许就是碰巧，每次摸到的都是同一个球，所以B盒、C盒、D盒都有可能。 师：好吧，摸了四次，仍然无法准确判断。但是咱们还是有收获的：不可能是A盒，B盒、C盒、D盒都有可能。咱们把结果记录在①号盒子上，然后把①号盒子暂时放在一边。 3.第二位同学选择了另一个盒子，教师标记为②号盒。 第一次摸球：黄球。 生：可能是A盒，也有可能是B盒或C盒。 生：不可能是D盒，因为D盒中全是蓝球，没有黄球。 第二次摸球：黄球。 生：可能是A盒，也有可能是B盒或C盒。 第三次摸球：黄球。 生：A盒的可能性最大。 第四次摸球：蓝球。 生：不可能是A盒，因为A盒中没有蓝球，不可能摸出蓝球。 生：可能是B盒或C盒。 师：四次摸球之后，我们排除了D盒和A盒，②号盒可能是B盒，也有可能是C盒，仍然无法做出准确判断。	

第二章 课堂教学革命与数学文化的对话

		教学过程	
教学流程	数学文化元素	教学活动	设计意图
探究新知	摸是为了不摸，数学需要一些活动支撑理解，但最终需要跳出活动，培养学生的抽象推理能力。	4.第三位同学上来选择了一个盒子，教师给标记为③号盒。 第一次摸球：蓝球。 生：可能是B盒，也可能是C盒或D盒。 第二次摸球：红球。 生：一定是C盒，只有C盒里有红球。 师：这个盒子咱们才摸了两次，要不要再摸第三次、第四次呢？ 生：一定是C盒，不用再摸了。 教师在③号盒上写下了大大的C。 5.师：那最后一个盒子就是④号盒了。咱们去摸摸④号盒吧。 教师转身很慢，伸手很慢，慢慢地等待着……突然一个声音响起："老师，不用再摸了！"周围的学生都转头看向他，小季同学激动地指着盒子说："②号盒一定是B盒了。"同学们顺着他的手指看过去，可不是吗？②号盒原本有两种可能（B盒和C盒），现在③号盒是C盒，那么②号盒就排除了是C盒的可能性，那一定是B盒了。学生自发地为小季同学鼓起掌来。紧接着又有学生发现："①号盒也可以确定了，不是B盒，也不是C盒，一定是D盒。"当教师再次慢慢伸手去拿最后一个盒子时，学生大声说："不用摸了，没有意义啦。""B盒、C盒、D盒都确定了，那这个一定是A盒了。" 6.教师引导学生小结。 师：刚刚我们用了哪些词进行判断的？什么情况下用"可能"？什么情况下用"一定"或"不可能"？ 生：当事物或现象不能确定时，我们用"可能"来描述；当事物或现象是确定的，我们就用"一定"或"不可能"来描述。	学生进行充分的思考，形成自己的判断，从而顿悟——"老师，不用再摸了！"

教学过程			
教学流程	数学文化元素	教学活动	设计意图
巩固练习	既培养学生用数学的语言表达现实世界的能力，也培养学生的推理能力。	1.生活中的可能性。 今天下雨了，明天（　　）会下雨。 太阳（　　）从西边升起。 今天是9号，明天（　　）是10号。如果这个月是10月，今天是30号，明天（　　）是1号。 2.三个女生分别姓刘、王、李，姓刘的女孩不喜欢穿红的；姓王的女孩既不是穿红裙子的，也不是穿花裙子的。你能猜出这三个女孩各姓什么吗？ 3.在盒子里摸奖，会摸到什么奖？ 	感受数学就在身边，体会数学学习与现实的联系。同时，用数学的语言描述生活中事件发生的可能性，这也是帮助学生规范表达，同时培养学生的推理能力。
拓展延伸	通过介绍数学趣味小故事，浸润数学文化。	课件播放趣味小故事：生死签 相传古代有个王国，世代沿袭着一条奇特的法规：凡是死囚，在临刑前都要抽一次"生死签"，即在两张小字条上分别写着"生"字和"死"字，由执法官监督，让犯人当众抽签。如果抽到"死"字签，则立即处刑；如果抽到"生"字签，则被认为是神的旨意，应予当场赦免。有一次，国王决定处死一名大臣，这名大臣因不满国王的残暴统治而替老百姓讲了几句公道话，为此国王震怒不已。他决心不让这名大臣得到半点获赦的机会，于是他与几名心腹密谋暗议，想出了一条狠毒的计策：他暗暗吩咐执法官，把	通过"生死签"小故事让学生感受到数学的趣味性，从而激发学习数学的兴趣。

第三章　课堂教学革命与数学文化的对话

教学过程			
教学流程	数学文化元素	教学活动	设计意图
拓展延伸		"生死签"的两张签纸都写上"死"字。这样，不管犯人抽的是哪张签纸，都要被处死。国王的诡计被仆人听见，好心的仆人想办法告诉了大臣。他原以为大臣会为此神情沮丧，但见大臣陷入沉思，片刻间脸上焕发出兴奋的光芒，这使仆人惊讶不已。最后，大臣果然被当场赦免。你们知道这位大臣是怎样死里逃生的吗？ （生死签） 学生自由回答，想出不同的办法。 课件继续播放故事：当执法官宣布开始抽签之后，只见那位大臣以极快的速度抽出一张签纸，并迅速塞进嘴里嚼起来；待到执法官反应过来，嚼烂的纸团早已被大臣吞下。执法官赶忙追问："你抽到的是'生'字签还是'死'字签？"大臣故作叹息说："我听从天意安排。如果上天认为我有罪，那么这个咎由自取的苦果我已吞下。所以只要查看剩下的签是什么字就清楚了。" 在场的群众异口同声地赞成这个做法。剩下的签当然写着"死"字，这就意味着大臣抽到的是"生"字签。国王和执法官有苦难言，只好当众赦免了大臣。 师：整个故事一波三折啊！在这个王国的奇特法规中、在国王的阴谋中、在大臣的计策中，大臣被处死的可能性分别是怎样的？	

		教学过程	
教学流程	数学文化元素	教学活动	设计意图
拓展延伸		学生讨论后回答：在这个王国的奇特法规中，大臣被处死是随机事件，可能生，可能死；在国王的阴谋中，大臣被处死变成了必然事件，一定死；在大臣的计策中，大臣被处死也是必然事件，只是由"一定"转变成了"不可能"。 教师小结：随机事件用"可能"去描述，必然事件用"一定"或"不可能"去描述；但是如果条件发生了变化，这两类事件也是可以相互转化的，我们要学会用变化的眼光看待问题。	

教学评价：

《数学课程标准》指出："教学活动应注重启发式，激发学生学习兴趣，引发学生积极思考，鼓励学生质疑问难，引导学生在真实情境中发现问题和提出问题，利用观察、猜测、实验、计算、推理、验证、数据分析、直观想象等方法分析问题和解决问题。"

在数学课堂上，教师可以引导学生"经历"现实的活动情境，让学生在熟悉的情境中，联系身边具体的事物，感受数学知识的含义，认识数学与生活的密切联系。本节课就是在这一理念的指导下，为学生提供现实的学习素材，设计有趣的教学活动，使学生经历知识的形成过程。

1.本节课围绕描述可能性的三个词的感悟和使用，进行数学文化的浸润。

2.本节课使用的学习素材——摸球，贯穿整节课，贴近学生生活，简约大气，凸显数学的本质。借助摸球游戏，着重加强对学生概率素养的培养，增强学生对随机思想的理解，使学生充分感受和体验到简单随机现象中数据的随机性。培养了学生的随机思维，让学生学会用概率的眼光去观察大千世界。

3.在本节课的教学中，"摸是为了不摸"，教师将热闹的摸球游戏提升到学生充分利用"可能""不可能""一定"进行推理的高度，甚至第四个盒子不用摸，结果也可以准确判断出来。因此在这节课中，学生收获的不仅仅是可能性的相关知识，更多的是推理能力的培养。

4.最后的数学小故事，更是将整节课的学习氛围推向了高潮，通过对"一波三折"的分析，既巩固应用了所学知识，又激发起学生对"智慧"的佩服之情和自豪之情。

四、在"综合与实践"中渗透数学文化

综合与实践是小学数学学习的重要领域之一。学生在实际情境和真实问题中，运用数学和其他学科的知识与方法，经历发现问题、提出问题、分析问题、解决问题的过程，感悟数学知识之间、数学与其他学科知识之间、数学与科学技术和社会生活之间的联系，积累活动经验，感悟思想方法，形成和发展模型意识、创新意识，提高解决实际问题的能力，形成和发展核心素养。

【教学案例】"1亿有多大"

课题：1亿有多大	设计者：汪正辉	单位：安徽师范大学附属外国语学校城东校区
教学内容：人教版数学四年级上册第33页		
教学目标： 知识与技能： 1.运用生活中的实物，通过测量、称重、推理、计算等活动体会1亿有多大，感受亿这个计数单位的大小。 2.学会用不同的方法进行从部分到整体的推算。 3.增强学生的数感和量感，感受辩证的思想。 过程与方法： 通过小组合作、探究性学习，经历制订方案、任务分工、测量记录、推理计算、讨论总结等活动，感受知识形成的过程，体会1亿有多大。 情感态度与价值观： 1.在探究学习中培养合作学习的能力，增强学习数学的兴趣。 2.使学生感受坚持不懈的精神，学会珍惜水、珍惜粮食。		
教学重难点： 教学重点：开展探究性学习，体会1亿有多大。 教学难点：掌握推算的过程，增强学生的数感和量感。		
教学准备：PPT课件。		

<table>
<tr><td colspan="4" align="center">教学过程</td></tr>
<tr><td>教学
流程</td><td>数学文化元素</td><td align="center">教学活动</td><td>设计意图</td></tr>
<tr><td>导入
新课</td><td>数学与生活。</td><td>（一）数学信息导入
教师出示PPT信息，请生读一读。
11月12日零点，阿里巴巴对外公布了2021年天猫"双十一"的成交额数据：11月11日零点至11月12日零点，2021年天猫"双十一"的成交额为5403亿元。
截至2021年1月，世界人口近76亿，而我国是世界上人口最多的国家，大约有14亿人，其中在校的小学生约1亿人，如果让1亿个小朋友手拉手，可以绕地球赤道3圈半。
到2020年底，在我国现行标准下近1亿农村贫困人口全部脱贫，如期完成了新时代目标任务。
师：同学们，这些信息中都有什么共同的特征呢？
生：都有亿这个计数单位。
师：是的，都有亿，那么1亿究竟有多大呢？今天我们就来学习：1亿有多大。（板书）</td><td>生活中的数学信息导入，使学生感受到亿这一单位在生活中的广泛应用，直奔主题。</td></tr>
<tr><td>探究
新知</td><td>从部分推向整体，体现了推理的数学思想和方法。

探究性小组合作体现了实践的数学精神。</td><td>（二）说一说1亿有多大，复习亿这个计数单位
师：如果老师让你想一想、说一说1亿有多大，你打算怎样形容1亿呢？
生1：一个人的头发大约有1亿根。
生2：1亿是10个一千万。
生3：1亿是100个一百万。
生3：1亿是1000个十万。
生4：1亿是10000个一万。
生5：1亿是100000个一千。
生5：1亿是1000000个一百。
生6：1亿是10000000个十。
生7：1亿是100000000个一。
（三）活动探究：1亿有多大
1.说一说想怎样研究。
师：我们了解了这么多有关1亿的知识，那么1亿到底有多大呢？如果让同学们自己借助生活中的物体研究一下。你打算怎样研究？
生1：我想测量1亿颗大豆有多重。</td><td>通过对亿这个计数单位的复习，让学生熟悉各个计数单位和亿这个计数单位之间的进率关系，为后面的推算1亿有多大打下基础。</td></tr>
</table>

第三章　课堂教学革命与数学文化的对话

		教学过程	
教学流程	数学文化元素	教学活动	设计意图
探究新知	从部分到整体的板书构建了模型，体现了建模思想。	师：那么我们慢慢数，数到1亿颗，再称重，你觉得这样研究方便吗？我们可以怎样研究？ 生1：可以先测出100粒黄豆的质量，再计算出1亿粒黄豆有多重。 师：还可以研究什么？ 生2：我想知道走1亿步有多远，我可以先测量走10步有多远，再算出1亿步有多远。 生3：我想研究1亿张A4纸摞起来约有多高。 生4：我想研究1亿粒大米约有多重，也可以先测量小部分，再推算1亿有多大。 师：同学们说得都很好，下面就让我们在课堂中来研究一下1亿有多大吧。 2.明确研究要求。 师：下面请每一小组的组长把探究材料放在桌子上，我们一起来读研究要求。 研究要求： （1）讨论研究方法。说一说你们打算怎样研究？ （2）制订研究方案。组长分配组员任务：操作员2位，测量员2位，记录员1位，汇报员1位。 （3）进行探究。边操作，边记录，写下活动步骤。 （4）总结汇报。小组探究后，进一步讨论，得出结论，安排汇报人。 3.探究1亿有多大。 学生根据探究要求开始探究1亿有多大，教师巡视并指导。学生在研究学习的过程中，填写实验探究活动单。 4.汇报探究结果。 （1）第一组汇报（预设：1亿张纸摞起来有多高） 生汇报，教师辅助理解、追问。 （2）第二组汇报（预设：走1亿步有多长的距离） 生汇报，教师辅助理解、追问。	通过说一说，让学生有研究的设想（先测量部分，再推算整体），不至于拿到探究工具不知所措。 通过让组长领取探究材料，明确探究要求，调动所有组员活动的积极性，认真开展探究活动。 学生在探究的过程中积累了探究学习和小组合作学习的经验。

教学过程			
教学流程	数学文化元素	教学活动	设计意图
探究新知		（3）第三组汇报（预设：1亿粒黄豆有多重） 生汇报，教师辅助理解、追问。 （4）第四组汇报（预设：1亿粒大米有多重） 生汇报，教师辅助理解、追问。 5.回顾计算过程，总结感想，进一步掌握研究方法。 （1）师将四位同学的汇报单同时展示。 师：刚刚四组同学的汇报都非常棒，那么看了这四组同学的研究，你有什么想说的呢？ 生1：1亿真的好大呀。 师：能否根据他们的研究单，说一说你的想法？ 师：谁能说一说他们的推算过程？ 生汇报。 （2）展示错误的推算结果，请生找出错误，现场修改。 （3）请生总结推算的不同方法。 （4）教师总结研究方法。 在研究的时候我们可以通过制订研究方案，先测量部分，再推算整体。（板书） 部分 —推算→ 整体 100张　　　　1亿张 1000张 师：在推算的过程中，我们可以一步一步推算，也可以列表推算，还可以找到倍数关系，直接计算。	
巩固练习	通过大小物体的对比渗透建模思想，进一步增强学生的量感。	（四）深入感知1亿张纸的高度和1亿粒黄豆的质量 师：同学们，刚刚我们研究了1亿张纸摞在一起的高度大约是10000米，我们也知道珠峰的高度是8848米，那10000米比珠峰高多少米呢？ 生：1000多米。 师：是的，可是珠峰离我们还是有点远，我们还是不太清楚10000米究竟有多高。大家知道吗？芜湖市第一高楼——芜湖金鹰世界中心，它位于弋江区中山南路与新时代商业街交口处，	虽然同学们研究出了1亿张纸摞在一起是10000米高，可是同学们对10000米依然没有理性认识，甚至连感性的经验都没有，教师运用

第三章 课堂教学革命与数学文化的对话

续 表

		教学过程	
教学流程	数学文化元素	教学活动	设计意图
巩固练习	数学与生活。	高318米，总层数为69层，为芜湖市最高建筑以及地标建筑。10000米大约有31个金鹰世纪中心高楼叠在一起这么高。 1亿粒黄豆大约有70吨重，一辆小汽车大约有1.5吨，1亿粒黄豆的质量相当于47辆小汽车的重量。 看到这里你有什么感想？生说感想。 师：是啊，一张纸微不足道，可是1亿张纸摞在一起却高不可测，正所谓"不积跬步，无以至千里，不积小流，无以成江海"。就像我们的学习，只要每天努力一点点，我们就会收获质的飞跃。	芜湖最高建筑做比较，结合课件的对比演示，让学生感受到10000米有多高。又用小汽车来比较1亿粒黄豆，在学生大脑中建立模型，增强学生的理性认识。
拓展延伸	数学与生活。 辩证的数学思想。 德育思想。	（五）回顾反思，升华感知 师：其实生活中有很多物品，一个看起来非常细小，但是积累1亿个就不容小觑，我们再来看几条生活中有关1亿的小信息。 （1）1亿粒大米约重250万克，如果每人每天吃大米400克，1亿粒大米可供一个人吃17年。 （2）1亿滴水约可汇成3333升水，如果每人每天喝1500毫升水，能供一个人喝6年。 （3）纳米是一种非常小的长度单位，一般用于描述微小物体的尺寸。例如，5纳米芯片等，1纳米等于0.000001毫米，1亿个1纳米是100毫米，也就是0.1米。 看到这几条信息，你又有什么感受呢？生说感想。 是啊，一箪食，一瓢饮，当思来之不易。宇宙之大，粒子之微，无处不用数学。 师：同学们，今天这节课我们学习了1亿有多大，你有哪些收获？ 生说收获。 师：同学们的收获可真不少呀，课后请大家选择自己喜欢的研究主题来进行实验研究，再撰写成数学小报告，下节课我们再交流。	生活中的数学信息体现了"数学与生活"。 纳米和米的对比体现了从微观到宏观的辩证数学思想。 节约粮食的素材渗透德育。

教学评价：
本节课是小学数学"综合与实践"板块的内容。整节课的教学围绕数学文化展开。课的伊始，引入生活中的数学信息，通过对亿这一计数单位的复习为后面的推算打下基础。主题的确定和研究内容的选择打破了课本知识与生活实践的界限，确立了小组合作探究性学习的学习方法。在探究活动中，从部分到整体的探究方案的制订和具体实验以及计算体现了推理思想和建模思想。整节课围绕数学与生活，渗透了德育思想，充满生活味和数学味。

（此课曾经在安师大附外城东校区、育红小学旭日天都校区和华师大芜湖外国语学校三校联合教研活动中公开执教）

每学期，教材除了安排有"数学广角"的单元教学外，还安排有实践活动。

【教学案例】"营养午餐"

课题：营养午餐	设计者：盛亚仙	单位：芜湖市龙湖中心小学
教学内容：人教版数学四年级下册数学活动		
教学目标： 1.了解营养与健康常识，培养学生运用简单的排列组合、统计知识解决问题的能力。 2.能根据营养专家的建议，运用正确的数学思想方法分析、调配科学、合理的午餐菜式。学会发现问题、解决问题，学会与他人合作。 3.懂得科学、合理的饮食的重要性，使学生克服偏食、挑食的毛病，养成科学的饮食习惯。		
教学重难点： 教学重点：运用正确的数学思想方法分析、调配科学、合理的午餐菜式。 教学难点：培养学生运用知识解决问题的能力。		
教学准备：课件、作业纸。		
教学过程		

教学流程	数学文化元素	教学活动	设计意图
课前交流	关注时事，激发学生的爱国情感。	1.师：同学们，你们认为2020年最大的事件是什么？（预设：新冠疫情） 对，一场突如其来的新冠疫情席卷全球，夺走了许多人的生命。我们一起来看一个数据分析。（可用放大镜功能） 用一句话来说一说你此刻的感想。 师：生命对于我们每个人来说只有一次，我们一定要珍惜。 2.师：著名医学专家钟南山爷爷建议大家要吃有营养的食物，提高自身免疫力，抵抗疾病的入侵。	引发学生对身体健康的关注。

第三章 课堂教学革命与数学文化的对话

		教学过程	
教学流程	数学文化元素	教学活动	设计意图
导入新课	通过招聘"小小营养师",帮助学生感知数学与生活的联系。	师:我们龙湖中心小学为了保障全校师生的饮食健康,想为学校的食堂招聘若干名"小小营养师"。 (课件出示:招聘启事) 师:怎么样,敢不敢挑战一下?	激发学生强烈的探究欲望。
探究新知	通过进行营养午餐的搭配,体现了数学来源于生活,让学生用数学的眼光去观察生活,培养学生的数学感。	考验一:点菜篇 1.出示食堂菜单。 师:看,这是我们食堂的菜单。 (1)你能将这些菜快速分类吗?(运用希沃的分类游戏)通过刚才的分类,你知道了什么? (2)如果让你从中选择三道最喜欢吃的菜作为今天的午餐,你会怎么选?回答序号即可。(2~3生回答) 预设:出现全是素菜、全是荤菜、荤素搭配的不同类型。 师:你觉得谁的搭配更科学?为什么?(这样比较有营养) 师:有没有发现他们的选择都有一个共同的特点? 师:为什么你们会想到这样去搭配?(比较有营养) 2.听取专家建议。 师:到底什么样的午餐才是有营养的?(出示题目:营养午餐) 让我们来听一听营养专家是怎样说的。 10岁左右的儿童从每顿午餐中获取的热量应不低于2926千焦,脂肪应不超过50克。 师:从这段话中,你能获得哪些信息? (预设:热量不低于2926千焦,脂肪不超过50克) 师:你有什么不懂的地方或者不理解的词语?	通过学生点菜,师生之间交流,使学生初步感知荤素搭配、均衡营养的健康饮食观念。 抓住对"不低于""不超过"这两个词的理解,"应该用什么数学符号表示"突出了数学在生活中的应用,同时使学生对午餐的营养指标有更深刻的理解。 通过学习专家的建议,了解热量和脂肪的重要性,同时明白人体对热量和脂肪的需求并不是越多越好。

	教学过程		
教学 流程	数学文化元素	教学活动	设计意图
探究 新知		（1）"不低于""不超过"。 师：你怎样理解这两个词语？用数学符号应该怎样表示？ 预设："不低于"就是"不少于"，用大于等于号表示，"不超过"就是"不大于"，用小于等于号表示。 师：可以借助图表来帮助我们理解，一起来看一看。 （2）"千焦"。 师：我们知道重量有单位名称，如吨、千克、克等；长度有单位名称，如米、分米等。而热量也有自己的单位名称，那就是"千焦"。 （3）"热量""脂肪"。 师：对于这两个词，谁比较了解？ 预设1：请你和大家分享一下。 预设2：都不知道吗？那就让我们一起来看一个微课。 （4）师：现在你们明白这句话的意思了吗？ 3.计算营养成分。 师：这是一张营养成分表，通过刚才的学习，你能为自己搭配出健康又好吃的午餐吗？ | 编号	菜名	热量（千焦）	脂肪（克） | |---|---|---|---| | 1 | 猪肉粉条 | 2462 | 25 | | 2 | 炸鸡排 | 1254 | 19 | | 3 | 土豆炖牛肉 | 1095 | 23 | | 4 | 辣子鸡丁 | 1033 | 18 | | 5 | 西红柿炒鸡蛋 | 899 | 15 | | 6 | 香菜冬瓜 | 564 | 7 | | 7 | 家常豆腐 | 1020 | 16 | | 8 | 香菇油菜 | 911 | 11 | | 9 | 韭菜炒豆芽 | 497 | 12 | （1）出示搭配要求（课件）。 （2）学生自主完成计算，拍照上传。 （3）师：你的午餐搭配健康吗？谁来说一说？	

第三章　课堂教学革命与数学文化的对话

续 表

		教学过程	
教学流程	数学文化元素	教学活动	设计意图
探究新知		预设1：健康，因为算出来的结果符合专家建议。 预设2：不健康，因为算出来的结果不符合专家建议，超标了。 师：同学们能正确计算自己午餐的营养成分，并能根据标准判断出是否健康。恭喜你们顺利通过第一关的考验。 **考验二：调配篇** 师：如果长期食用这些热量不足或脂肪过多的套餐会有什么后果？我们应该怎么做？ （预设：对自己的套餐进行调整） 师：怎么调整？ 预设1：如果热量低了，我们要将其中热量偏低的菜换成热量高一些的菜。 预设2：如果脂肪高了，我们要将其中脂肪含量偏高的菜换成脂肪含量低一些的菜。 师：听明白了吗？有没有什么问题？开始吧！ 1.小组合作完成。 2.小组汇报。 师：看，集体的力量真强大。同学们想出了这么多符合标准的方案。恭喜大家顺利通过第二关。 **考验三：统计篇** 师：看，老师也搭配出了一些方案。这么多的套餐，如果全做，厨师的工作量太大了。怎么办？ 预设：可以选几种大家都比较喜欢的。 1.展示课件。 食堂阿姨请同学们帮她选出最喜欢的三种方案。 师：同学们，咱们怎么帮她呢？（投票） 2.投票。 师：那就以咱班为代表调查一下吧！（这叫抽样调查，实际的统计生活中用得很多）好，今天我们就来进行现场投票！ 3.统计。 根据投票结果，自动生成云图和统计图。（运用希沃易课堂的发表观点功能） 师：根据投票结果，你想对食堂阿姨说些什么？	

		教学过程	
教学流程	数学文化元素	教学活动	设计意图
学以致用	通过引导学生思考特殊人群的饮食健康，培养了学生的爱心，浸润了饮食文化。	师：同学们用自己学到的知识为全校师生搭配出美味、健康又受大家喜爱的午餐配菜，大家都非常感激你们。但在我们的身边还有这样的特殊人群，（出示图片）怎么样？（太胖了、太瘦了）是什么原因造成的？你对他们的饮食有什么建议？ 师：不仅关注同学们的喜好，还关心特殊人群。你们是一群有爱心的孩子。 恭喜你们顺利通过小小营养师的考验。看，这是学校给你们发的聘书。	能用所学知识解决生活中的实际问题，能关注特殊群体，培养学生的同情心和爱心。
美食文化	通过观看视频，帮助学生了解中国的美食文化。	师：民以食为天，食亦为天性。静静咀嚼，轻轻回味，有非比寻常的韵致。从古至今，美食带给我们的满足感总是让人无法忘怀。我们中国的美食文化更是博大精深、源远流长，让我们一起来回顾一下中国美食的悠久历史…… （播放视频）	学生能拓展知识视野，更多地了解中国饮食文化的起源，激发学生强烈的爱国情感。
知识整理		1.畅谈收获。 师：愉快的时光总是过得很快，这节课你有哪些收获？ 2.课外作业。 上网查询成年人饮食的营养标准，为自己的家人设计健康美味的配餐。	将知识进行整理的同时，能将知识应用于生活。

教学评价：

1.数学活动，体现数学价值

本节课的内容取材于教材上的"数学实践活动"，学生对这种实践活动充满了好奇，这个内容不仅包含了许多数学知识，更是蕴含了数学文化。上课开始时，教师通过新冠疫情，引发学生对身体健康的关注，为新知做好铺垫；再通过通关式的三个考验，引导学生逐步了解营养午餐的标准，并学会合理搭配营养午餐。随之，学生通过观看小视频，了解中国的饮食文化。通过这一系列的数学活动，体现了数学的价值。

2.自主探究，解决数学问题

在探究的过程中，教师提供学生一份餐单，让学生根据专家的标准判断是否科学，再通过小组合作的形式自主探究出符合营养标准的营养午餐，最后让学生学以致用，用学到的知识解决生活中的实际问题。

3.观看视频，感受数学文化

数学文化的内涵不仅表现在知识本身，还寓于它的历史的，将数学史引入课堂，如在这节课中，在开展数学活动的基础之上，通过教师的渗透和小视频的观看，学生感受我国悠久的美食文化历史。

第三章 课堂教学革命与数学文化的对话

第二节　不同课程类型的教学与数学文化的对话

数学课程要体现数学文化，弘扬人文精神。我们在教学中可以充分结合学生的学习内容，突出渗透中国古代数学在算筹、算盘、货币、小数、分数、负数、圆周率等方面的成就，弘扬中华数学文化，提升学生的民族自豪感；也可以介绍早期的埃及数学以及乘法、除法运算符号等的最先使用者，让学生了解一些国外数学文化；另外，数学名题、趣味数学的介绍，也可以扩大学生的知识面，激发学生对数学的好奇心和积极性。数学文化不仅可以在新授课中渗透，在练习课、复习课中同样可以浸润数学文化。

一、新授课中的数学文化

【教学案例】"年、月、日"

课题：年、月、日	设计者：陶骥	单位：安师大附小
教学内容：人教版数学三年级下册第六单元第一课时		
教学目标： 1.通过科学知识的渗透，认识时间单位年、月、日，了解它们之间的关系。 2.通过历史事件的推演，经历知识的形成过程，知道大月、小月、2月及其相关知识。 3.探索、描述和表达平年、闰年的排列规律，使学生知道平年、闰年等方面的基本知识。 4.和学生一起多维度地感受数学知识与其他学科的关联，感受数学文化的魅力。		
教学重难点： 1.探索、描述和表达平年、闰年的排列规律，使学生知道平年、闰年等方面的基本知识。 2.有效地经历学习过程，通过历史事件的推演，感受年、月、日知识的产生和发展，更好地理解年、月、日知识之间的内在联系。		
教学准备：多媒体课件。		

教学过程			
教学流程	数学文化元素	教学活动	设计意图
导入新课	课件出示一个科学年的长度，并进行相应的板书。	（一）年的概念 问题1：你知道一年有多少天吗？365天还是366天？ 你知道一年为什么是365天吗？ 呈现一个科学年的近似时长（365.2425天，365天5小时48分46秒），相机板书。	对于年、月、日的知识，学生有原本的认知基础，这一环节的设计旨在了解学生的认知起点，以及学生获取知识的途径。
探究新知	通过对历史事件的合情推理以及再次推演，感受年、月、日知识的产生和发展，经历知识的形成过程，从古埃及到古罗马，从恺撒大帝到奥古斯都，呈现现在使用的历法。最后再借助拳头和歌谣记忆法帮助学生理解与掌握月和日之间的关系。	（二）月的知识 问题2：你知道一年有几个月吗？一个月有多少天吗？（30、31、28、29） 刚才我们已经知道一年有365天或366天，如果我们把这366天平均分配到12个月中的话，那么一个月就是30天，还剩6天，这剩下的6天你想怎么分？ 呈现学生的多种分法。 古埃及的历法就是把每年365天分为3个季度（洪水、生长、收获），12个月，每月3周，每周10天，另有额外的5天在年末（也有说法是年初）作为节庆时间。 公元前46年，罗马统治者儒略·恺撒对阳历做了修改，制定了儒略历，因为他是在7月出生的，就把所有的单数月改成了大月，也就是1、3、5、7、9、11，这样一来，每年都是366天，古罗马的2月是处决犯人的季节，所以人们希望少一点杀戮、多一些和平，就把2月去掉了一天。公元前8年，恺撒的侄子奥古斯都当上了皇帝，他是在8月出生的，他希望自己和恺撒大帝一样，所以他下令把8月也改成了大月，为了不出现3月连大的现象，他把9月和11月都改成了小月，把10月、12月改成了大月，这样一年就有7个大月，又多出来一天，大家投票把几月去掉一天？（2月）对，2月就变成了现在的样子，这个历法沿用至今。	这一环节的设计是这篇教学设计最重要的环节，也是数学文化的最好呈现。通过上一环节的研究，学生已经知道一年有多少天，也知道一年有12个月。那么每个月分别是多少天呢？ 先让学生自己去自由安排每个月的天数，并逐渐引导到尽量平均分，与古埃及的历法相对应，感受古代劳动人民的智慧。

第三章　课堂教学革命与数学文化的对话

续 表

	教学过程		
教学流程	数学文化元素	教学活动	设计意图
探究新知	回到课前所说的每年多出的近6个小时，推算出"四年一闰"的规律。	学生探究记忆大、小月的方法并交流分享。 拳头记忆法 歌谣记忆法："一三五七八十末，三十一天永不错。" （三）探究闰年 1.通过较精确的一年的时长，推算出"四年一闰"的规律。 2.借助几何直观描述"四年一闰"的规律。 3.通过直观演示，引导学生用数学符号表达"四年一闰"的规律。 "四年一闰，百年不闰，四百年又闰。"	通过"你说的不算，我说的也不算，有人说了算"，再次全面调动学生的学习积极性，并进一步出示恺撒大帝和奥古斯都的历史事件，借助合情推理，帮助学生理解年、月、日知识的发展和变化。最终呈现现在使用的历法。 对教材中歌谣的修改能更好地帮助学生理解和掌握相关知识。 从合理的规律表达式中，选取并推广沿用至今的计算闰年的方法。
巩固练习	将本节课的研究成果以问题的形式呈现出来，以问题驱动式开展研究，并最终解决问题。	问题1：一年有多少天？ 我知道了一年是365天或366天。 问题2：一年有多少个月，每个月有多少天? 问题3：什么样的年是一年366天，什么样的年是365天呢？ 平年一年是365天，闰年一年是366天。	对于整节课的教学环节，用问题驱动式的研究方法，让学生经历发现和提出问题、分析和解决问题的过程，在

		教学过程	
教学流程	数学文化元素	教学活动	设计意图
巩固练习		问题4：下面的年份哪些是闰年？在闰年的年份下面画一个△。 2015　　2004　　1980　　2016 2100　　1802　　1912　　2000	合情推理和历史事件的推理中感受知识的形成过程，将最终解决问题作为学生学习效果的呈现形式。
拓展延伸	学生回顾教学内容，感受时间的重要。	（四）小结拓展 今天你学会了什么？ 视频拓展，激发学习兴趣。	借助花开花落、水滴石穿、云卷云舒的视频感受时间，养成珍惜时间的良好习惯。

板书设计：

教学评价：

很多时候，我们在数学课堂上是将数学知识作为一个现成的结论告知学生，学生缺乏真正的经历过程。作为人类智慧的结晶，数学知识必定有一段被人类创造出来的过程。从儿童的角度解读数学知识在人类发展历程中的原味，让学生经历知识形成的来龙去脉，感受到数学知识不是先天预存的一堆"真理"，是可以被质疑、可以被创造的。这对儿童的成长无疑是一种很好的启蒙和洗礼。

在执教人教版三年级下册"年、月、日"一课时，设计了这样的一个教学环节：刚才我们已经知道一年有365天或366天，如果我们把366天平均分配到12个月中的话，那么一个月就是30天，还剩6天，这剩下的6天你想怎么分？呈现学生的多种分法。接着用课件进行演示。让学生感受历史的演变，了解现行历法的形成过程。

第二章　课堂教学革命与数学文化的对话

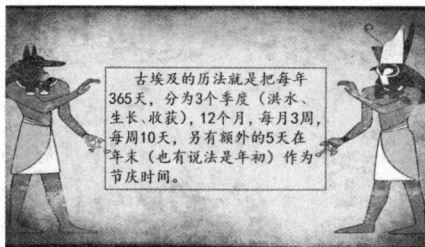

图1

恺撒大帝

图2

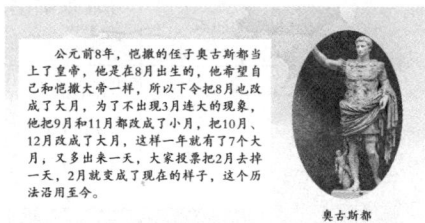

奥古斯都

图3

年 历 表

月份	一	二	三	四	五	六	七	八	九	十	十一	十二	
天数	31	28	31	30	31	30	31	31	30	31	30	31	365
天数	31	29	31	30	31	30	31	31	30	31	30	31	366

图4

古埃及（图1）——恺撒大帝（图2）——奥古斯都（图3）——现在的年历（图4）

根据历史事件的推演，借助合情推理，不断地修改板书中每个月的天数，最后引导学生逐步把日历修改到沿用至今的编排方式。这样的教学环节，把枯燥的数学知识变成了历史故事，学生在感受数学文化的同时，经历了知识的形成过程，学生清楚地了解了年、月、日的演变过程，并有了更加深刻的感受，取得了较好的教学效果。

很多时候，我们在传授学生知识的时候不去关注学生的已有基础，也不去关注学生有没有真正理解，没能给学生真正"解惑"，忽略了数学本身所具有的生长特性，在教师眼里更多的是一种知识的积累。

在这节课的教学中，推理能力的发展贯穿在整个学习过程中。推理是数学的基本思维方式，也是学习和生活中经常使用的思维方式。当我们回溯到知识的原点，去关注知识的来龙去脉，实际上更能促进学生进行有效学习，帮助学生提高思维品质，感受数学文化的魅力。

（此课例曾经在芜湖县青年教师优质课比赛中荣获一等奖，并在市级教研活动中公开执教，根据此教学设计撰写的论文荣获安徽省2018年基础教育论文评选一等奖）

【教学案例】"方和圆"

课题：方和圆	设计者：赵烨	单位：芜湖市赭山小学

教学内容：人教版数学六年级上册第五单元方圆之间的面积关系

教学目标：

知识技能：

1.能够通过理解圆的半径、圆形与正方形的关系确定模型。

2.能正确计算出图形各部分的面积。

数学思考：

通过猜想、验证、结论等数学活动，经历解决问题的全过程，建立关系模型。

解决问题：

1.会运用探究得到的一般结论解决问题。

2.会运用转化的方法来解决实际问题。

情感态度：

1.在小组中培养交流合作意识，在几何说理中培养演绎推理能力，在寻找固定的值中寻求实事求是的探究精神。

2.感受数学之美，了解数学文化，提高学习兴趣。

教学重难点：

教学重点：经历解决问题的过程，积累解决问题的经验。

教学难点：建立模型思想，打破思维定式。

教学准备：课件、"方和圆"操作学具。

教学过程

教学流程	数学文化元素	教学活动	设计意图
导入新课	在图形组合和位置变化中，初步知道了"外方内圆"和"外圆内方"两种组合图形。	（一）游戏，在辨析中理解方圆之间的关系 1.拼图游戏。 师：同学们，今天这节数学课我们先来做一个拼图游戏，老师为大家准备了一些学具，请同桌之间合作，自由地拼一拼，看看能拼出什么图形来。 	

第三章 课堂教学革命与数学文化的对话

· 103 ·

	教学过程		
教学流程	数学文化元素	教学活动	设计意图
导入新课	数学文化的渗透，让学生感受到了数学的价值。	2.师：同学们，你们真有创造力！你能提出什么数学问题？如果请你求出它们涂色部分的面积，你想选择哪幅图案？为什么？ 3.好，就来研究你们选择的图案。 老师把它们放大在大屏幕上，请仔细观察。 正方形与圆有什么关系？ 4.正方形中可以画无数个圆，这个圆是正方形中最大的。 圆中可以画无数个正方形，这个正方形是圆中最大的。 对角线：正方形相对的两个顶点之间的线段。 5.我们把正方形与它里面最大的圆组合成的图形称为"外方内圆"，把圆与它里面最大的正方形组合成的图形叫作"外圆内方"。在方和圆组合而成的图形中隐藏了很多的数学奥秘，今天这节课我们就来研究正方形和圆面积之间差的问题。（板书课题）	在讨论和动态演示中理解正方形与圆之间的关系，从而理解方与圆之间的位置关系确定模型。 初步感悟图形之间的联系，体会寻找图形之间的联系对计算面积的重要性。

	教学过程		
教学流程	数学文化元素	教学活动	设计意图
探究新知	将数据填入统计表格中。通过观察、总结、计算等方式，学生很容易发现规律，得出结论，培养学生将直观与抽象结合的能力、运算能力、构建模型等数学核心素养。 用转化的思想，感受发现问题—分析问题—解决问题的过程。	（二）建模，以问题驱动建立关系模型 1.探究外方内圆涂色部分的面积。 （1）师：这两幅图中都有圆形，圆的大小和什么有关系？ 计算圆的面积需要什么条件？（板书：r） 只需要半径吗？（板书：πr^2） 生：还要知道 π，π 是一个固定的数。 （课件演示：圆的大小不断发生变化） 师：对，π 在这儿是一个固定的值。 （2）课件出示外方内圆。 师：外方内圆涂色部分的面积和什么有关系？ （板书：r） 大胆猜想（板书：猜想），圆面积计算中有一个固定的值——π，在这儿有没有像 π 一样固定的值呢？ （3）师：有猜想就要有验证（板书：验证），我们可以怎么研究？ 预设：设数、设字母。 四人一组，每人分别取长度不同的半径，算一算，看能不能找到求方中圆涂色部分面积固定的值。 （4）学生反馈（课件同步输入数据）。 师：谁能和我们分享一下你的研究结果？ 生1：我取半径的值为1厘米，这样比较好算。正方形的边长是 $1\times2=2$（厘米），面积就是 $2\times2=4$（平方厘米），圆的面积是 $\pi\times1^2=3.14$（平方厘米），涂色部分的面积 $4-3.14=0.86$（平方厘米）。 生2：我取半径的值为3厘米，正方形的边长是 $3\times2=6$（厘米），面积就是 $6\times6=36$（平方厘米），圆的面积是 $\pi\times3^2=28.26$（平方厘米），$36-28.26=7.74$（平方厘米）。 生3：我取半径的值为2厘米，正方形的边长是 $2\times2=4$（厘米），面积就是 $4\times4=16$（平方厘米），圆的面积是 $\pi\times2^2=12.56$（平方厘米），$16-12.56=3.44$（平方厘米）。 师：你找到这个固定的值了吗？	学生经历猜想—验证—结论—应用解决问题的全部过程，培养学生发现问题的意识，以及探究问题的能力。在验证与交流中用演绎推理的方式验证结论的合理性，建立方圆面积之间的关系模型。

续　表

		教学过程	
教学流程	数学文化元素	教学活动	设计意图
探究新知		观察他们探究的结果，涂色部分的面积变了吗？发生了怎样的变化？你发现了什么？ 预设： 生1：涂色部分的面积随着半径的增大而增大。 生2：0.86乘4等于3.44，0.86乘9等于7.74。 生3：老师，我是这么想的，圆的面积是πr^2，正方形的边长是$2r$，面积是$2r \times 2r$，（$2 \times 2=4$，$r \times r=r^2$）合起来就是$4r^2$，$4r^2-\pi r^2=0.86r^2$，外方内圆涂色部分的面积就是$0.86r^2$，这个0.86像π一样就是固定的值。 （5）小结：我们利用图形之间的联系，发现涂色部分面积等于半径平方的0.86倍，看来不论半径是几，利用这个规律都可以很快得到面积之差。 2.探究外圆内方涂色部分的面积。 （1）师：圆面积计算中有一个固定的值——π，外方内圆涂色部分的面积计算也有一个固定的值——0.86。 课件出示外圆内方。这个图形呢？（指外圆内方）你有什么大胆猜测？ 生：是不是也能找到这样固定的值？ 师：非常有想法，科学就是要在探究的基础上进行合理的假设！如果要找到这个固定的值，你打算怎么探究？ 生：半径用r表示。 师：就按你们的想法，用r表示半径，同桌合作进行探究。 （2）学生反馈。 师：你们探究的过程有什么困难？ 请同学来说说你们的探究结果。汇报时，请用"我们的探究过程""我们的结论"来具体说一说。	"授人以鱼不如授人以渔"，在解决具体问题的基础上发现一般的数学规律是本堂课教学的重要内容。在层层深入的学习过程中，始终坚持为学生创设探索的情境，利用知识内在的魅力吸引学生主动投入知识的发展过程中。
	从已有的"转化思想"为出发点，亲自去经历、动手操作、再创造，使结论来得更加深刻而鲜活。		

	教学过程		
教学流程	数学文化元素	教学活动	设计意图
探究新知		组1：我们的探究过程：半径用r表示，圆的面积是πr²，我们把正方形分成了两个完全相同的三角形，三角形的底等于圆的直径，是2r，高是圆的半径r，根据三角形面积公式，底×高÷2得到2r×r÷2，因为是两个完全相同的三角形，所以再乘2，正方形的面积就是2r²，πr²−2r²=1.14r²，1.14就是固定的值。 生2：求正方形的面积时，乘2再除以2可以相互抵消，只要用2r×r就可以了。 师：你能从图形的角度解释这样计算的原因吗？ （3）师：通过刚才的探究，我们得到了外方内圆涂色部分的面积是1.14r²，1.14就是固定的值。对不对呢？怎么办？ 师：同桌合作，商量好r的取值，一人用刚才的结论计算，另一位同学用圆减去正方形的面积，对比一下你们的计算结果。 （4）学生反馈。 （5）师：在这幅图中，正方形的边长和圆之间没有直接的关系，通过辅助线找到圆与正方形之间的联系，抓住联系就确定了计算圆和正方形面积的核心要素。 师：在求外圆内方涂色部分的面积时，我们也找到了一个固定的值——1.14。（板书：1.14r²） （6）无论圆的大小如何改变，外方内圆涂色部分的面积是0.86r²，外圆内方涂色部分的面积是1.14r²。	
巩固练习	通过丰富的题型训练学生思维的宽度和广度，以及培养应用意识。	（三）固模，在练习中拓展提高 （1）变式练习一。 这些是同学们设计的图案，涂色部分的面积你会求吗？ 快速判断这些图案可以怎样转化？可以用哪个公式计算涂色部分的面积？	基础练习的设计在于运用新知解决问题，并强调对结果进行验证的意识。拓展练习渗透转化思想，进一步揭

第三章 课堂教学革命与数学文化的对话

		教学过程	
教学流程	数学文化元素	教学活动	设计意图
巩固练习		（2）拓展思考。 两个圆的面积相等，所以可以把两个图形重合，这时方与方之间的面积是多少呢？这儿有没有一个固定的值呢？ $0.86r^2+1.14r^2=2r^2$　　$4r^2-2r^2=2r^2$	示了圆与正方形面积之间的关系，对于培养学生的合作交流意识、发展数学思维能力等方面具有重要的意义。
拓展延伸	数学与人文的交叉，感受数学美。	师：方和圆构成的这些美丽的图形中蕴含着浓浓的数学味道。无论半径如何变化，外方内圆涂色部分的面积始终是$0.86r^2$，外圆内方涂色部分的面积始终是$1.14r^2$，0.86、1.14是一个固定的值。在我们的生活中、数学里，还有没有这样固定的值呢？一起来看一看。	微课介绍传统文化中方与圆对建筑、绘画等领域产生的影响，让学生感受数学文化，感受数学美。

教学评价：

一、引入——拼图"追本溯源"。

在图形的组合和位置变化中，初步体会"外方内圆""外圆内方"这两种组合图形，分析圆和内接正方形之间的联系是有一定的困难的。追本溯源，图形是如何产生的？通过动手拼图的过程，学生借助直观图形的拼接痕迹，自然联想到分割法。同时，在讨论和动态演示中理解正方形与圆之间的关系，从而理解方与圆之间的位置关系确定模型。数学文化的渗透，让学生感受到了数学的价值。

二、展开——寻求"变与不变"。

整节课老师紧扣"变与不变"，学生经历了"举例初步建模—代数方法思考—确定变与不变"的过程，感受了用具体的数探究—用字母探究—建立数学模型的数学思考方法。明确了半径在变化，但是"π""0.86""1.14"始终是不变的量。老师跳出数学教数学，充分挖掘了学生的学习潜能，把学习的主动权交给了学生，收到了意想不到的教学效果。

三、拓展——展示数学之美。

在一般的"外方内圆""外圆内方"课堂教学中的练习阶段，老师总会设计多层次、多角度的习题，以巩固知识，让学生形成有关的解题方法。本节课中老师并没有机械地进行练习，而是利用导入时的拼图将方圆重合，再去找不变量，并通过微课，进一步彰显圆文化和数学文化的内涵：黄金分割，生活中方方圆圆的木雕窗花、古今建筑等美丽图案，使学习的内容变得有灵性、有美感。学生由欣赏数学图形美上升到数学思维美，发现一般性规律，拓展学生的思维。

整节课没有让学生的视野局限于"外方内圆""外圆内方"，老师在意的是学生内心的感悟，将无形的数学文化和有形的知识技能在课堂中有效结合。

（此课在安徽省2020年数学优质课比赛中荣获一等奖，并在芜湖市2020年安徽省小学数学优质课获奖课例展示活动中公开执教）

二、练习课中的数学文化

【教学案例】"质数与合数的练习课"

课题：质数与合数的练习课	设计者：赵丽娟	单位：芜湖市北塘小学

教学内容：人教版数学五年级下册第二单元练习四

教学目标：
1.进一步掌握质数和合数的意义，会根据质数和合数解决一些实际问题；掌握质数、合数、偶数、奇数之间的联系和区别。
2.经历概念的辨别和指导练习的过程，体验比较分析、归纳整理、练习提高的学习方法。
3.在拓展延伸中感受数学文化的浸润，激发学习数学的兴趣。

教学重难点：
教学重点：掌握质数、合数、偶数、奇数之间的联系和区别。
教学难点：运用质数和合数解决实际问题。

教学准备：课件、微课。

教学过程			
教学流程	数学文化元素	教学活动	设计意图
复习回顾	通过说理培养学生的数学思维。	1.提问：什么是质数？什么是合数？20以内的质数有哪些？ 请学生独立思考，并写一写。 2.判断：下列各数，哪些是质数？哪些是合数？ 23　47　52　33　71　85　97　98 请学生独立思考。汇报时说说判断的理由。	复习巩固质数、合数的相关知识，培养学生独立思考的能力。

教学过程			
教学流程	数学文化元素	教学活动	设计意图
探究新知	培养学生的质疑精神和提问能力。	1.理解质数、合数、偶数、奇数之间的联系和区别。 师：如果要将所有的自然数进行分类，可以如何分类？分类的标准是什么？ 生：按照因数的个数分类，可以分成1、质数、合数三类。 生：按照是否是2的倍数，可以分成奇数和偶数两类。 教师根据学生回答随机板书。 师：同一个数，按照不同的分类标准，有不同的名称。 2.出示问题：什么数既不是质数也不是合数？最小的质数是多少？它是偶数还是奇数？是不是所有的偶数都是合数，所有的质数都是奇数？组织学生讨论交流。 3.请学生模仿提出问题，同桌互答；挑选有价值或是有争议的问题，进行全班交流。	帮助学生梳理知识，进行系统的知识构建。
巩固练习		1.练习四第4题。 先让学生在小组中自主探讨这三个问题，再组织学生汇报。 2.练习四第6题。 同桌讨论交流，说明理由。 3.练习四第5题。	引导学生运用数学知识解决实际问题，感受数学的应用价值。
拓展延伸		1.初步感受"哥德巴赫猜想"。 师：同学们，咱们来玩个游戏吧！两人一组，一位同学说出大于2的偶数，另一位同学试着找出和为此数的两个质数。谁来给同学们打个样？ 生：我说4。生：2+2=4。 生：我说8。生：3+5=8。 生：我说10。生：3+7=10，5+5=10。 师：你们还想到了哪些数呢？同桌互相说一说，并记录在练习本上。 同桌互动。 教师再请几位同学汇报，并将算式记录在黑板上。	

		教学过程	
教学流程	数学文化元素	教学活动	设计意图
拓展延伸	引导学生经历研究数学的过程：猜想—验证—调整猜想—再验证……归纳出结论，为学生的自主学习和终身学习打下基础。	2.引发猜想。 师：同学们，观察黑板上的这些算式，你有什么想法呢？ 生：黑板上这些偶数都可以写成两个质数之和。 生：所有的偶数都可以写成两个质数之和吗？（师板书） 生：所有的奇数也都可以写成两个质数之和吗？（师板书） 师：同学们通过观察，有了大胆的猜想，一切的发现、发明都源于猜想！ 3.验证猜想。 师：接下来，我们就去验证一下猜想是否正确吧！你们可以任意选择一个猜想去验证，也可以选择两个猜想都验证。 学生自主验证后进行汇报。 生：我试了一下，发现有的奇数可以写成两个质数之和，如：9=2+7，13=2+11；但是有的奇数不能写成两个质数之和，如11就不行，11可以拆成1+10、2+9、3+8、4+7、5+6，每一组算式中都有合数，所以不能写成两个质数之和。 师：对于奇数，还有哪些同学也进行了验证呢？你们验证的结果和他一样吗？ 学生自由汇报。 师：为什么呢？ 生：因为奇数=偶数+奇数，而偶数中只有2是质数。如果要想两个加数都是质数，那么那个偶数就确定了，只能是2；另一个加数是奇数，可是奇数中有的是质数，也有的是合数，所以不是所有的奇数都可以写成两个质数之和。 师小结：同学们分析得非常好！运用举例和推理的方法，验证了第二条猜想是不成立的。 生：我验证了第一条猜想，我写出了五个偶数，它们都可以写成两个质数之和，所以我认为"所有的偶数都可以写成两个质数之和"。	在举例验证中巩固质数、合数、奇数、偶数的相关知识，掌握它们之间的联系和区别。

第三章 课堂教学革命与数学文化的对话

		教学过程	
教学流程	数学文化元素	教学活动	设计意图
拓展延伸	引导学生在列举过程中感受不完全归纳的数学思想方法。 "哥德巴赫猜想"的介绍，既能扩大学生的知识面，渗透不完全归纳法，也能激发学生学习数学、研究数学的兴趣。	师：他是用举例法进行验证的。还有谁验证了第一个猜想？你们验证的结果和他一样吗？ 生：我发现2不可以，2=1+1，1既不是质数也不是合数，所以2不能写成两个质数之和。 师：你思考得很全面，看来我们要对这个猜想进行修改，怎么改呢？ 生：除了2以外，其余的偶数都可以表示为两个质数之和。 生：所有大于2的偶数，可以表示为两个质数之和。 4.数学文化渗透。 师：同学们修改得太棒了。（师板书）是不是所有大于2的偶数，都可以表示为两个质数之和呢？这个问题早在两百多年前由德国数学家哥德巴赫最先提出，它就是著名的"哥德巴赫猜想"。（课件演示）但是两百多年过去了，尽管全世界的数学家都在不断努力地去验证它，但是它仍然只是个"猜想"，你们知道为什么吗？想一想，你们刚刚是如何去验证这个猜想的？ 生：我们用举例法验证，但是数是无限的，我们不可能举出所有的例子，因而无法验证。 微课介绍：举例法可以帮助我们发现规律，但是通过举例法得到的规律可能是正确的，也有可能是不正确或是不准确的，我们经历证明猜想是否正确的过程称为不完全归纳法。因为偶数的个数无限多，不可能把偶数逐一列举出来加以验证，因此世界各国的数学家都在努力尝试用各种方法从理论上去验证这个猜想。我国著名的数学家陈景润把两百多年来悬而未决的"哥德巴赫猜想"的论证大大地向前推进了一步，取得了世界领先地位。哥德巴赫猜想看似简单，要证明却非常困难，它成为数学中一个著名的难题，被称为"数学皇冠上的明珠"。 师：世界三大数学猜想分别是费马猜想、四色猜想和哥德巴赫猜想。感兴趣的同学可以课下自己去查找相关资料，也可以自己想办法去验证它们；老师期待着明日的数学家在你们之中诞生。	

教学评价：

本节课是在学生学习了"质数和合数"后，借助数学游戏，引导学生自然生成猜想；在举例验证中引出世界三大数学猜想之一的"哥德巴赫猜想"，并介绍我国数学家陈景润的研究成果。这样的设计，一是为了渗透研究数学的方法：猜想—验证—调整猜想—再验证……归纳出结论；二是让学生运用枚举法推理出猜想是否正确，感受数学中的不完全归纳法。同时通过数学文化的渗透，进一步扩大了学生的知识面，激发了学生学习数学、研究数学的兴趣。

三、复习课中的数学文化

【教学案例】""'鸡兔同笼'整理与复习"

课题："鸡兔同笼"整理与复习	设计者：单文芝	单位：芜湖市北塘小学

教学内容：人教版数学四年级下册第99～100页内容

教学目标：

1.会解决"鸡兔同笼"问题，体验解决问题的对策和路线的多样性，渗透数形结合的数学思想，训练逻辑思维。

2.通过分析画图、列表、列式解题过程，体会三种解题方式都含有假设的数学思想，都属于假设法，同时彰显列式方式解决问题的通用性。

3.以"鸡兔同笼"问题为载体，培养学生多角度思考数学问题的思维方式。

4.建立"鸡兔同笼"问题模型，感受中华优秀传统文化的魅力，激发学生探索、思考数学问题的兴趣。

教学重难点：

教学重点：沟通"画图""列表"与"列式"解题方式之间的关联，让学生深度理解"假设法"的渊源。

教学难点：建立模型思想，理解数学知识与实际生活问题的联系，掌握利用数学方法解决实际问题的策略。

教学准备：触屏电子白板、学生作业纸、PPT。

学情分析：

"鸡兔同笼"问题对于四年级学生来说是难以理解的。四年级学生已经具备了应用逐一尝试法、列表法解决问题的基本能力，也已初步接触多种解题策略，会一些基本的解决数学问题的方法。学生已初步具备一定的归纳、猜想能力，但是对数学的应用意识与归纳总结能力需要进一步培养。因此，在教学中要学生多说、多想、多总结。探究解决"鸡兔同笼"问题三种方式本质上的一致性。

教学过程			
教学流程	数学文化元素	教学活动	设计意图
导入新课	感受中国语言文化魅力。	（一）谈话导入，激发学生兴趣 师：同学们，你们知道老师姓什么吗？ 师：我姓shàn，这个字还读dān或chán。古代匈奴部落的首领称为"单于"。同一个字在表示不同的意思时，读音不一样。我国古代文化博大精深，源远流长。作为小学生的你们要传承我国的古代文化。 师：我国古代数学文化在历史上也有着崇高的地位和文化价值。本单元学习的"鸡兔同笼"就是一道经典名题。今天，让我们对本单元内容进行整理与复习，再次感受古代数学文化的魅力。 （板书："鸡兔同笼"整理与复习）	以"单"的读音，感受我国古代文化的博大精深，激发了学生的学习热情。
探究新知	创编题："鸡兔同笼"这一古代名题，体现古代数学文化的价值。	（二）解题方法复习与归纳 师：课前，老师留给大家一个任务：仿照"鸡兔同笼"，创设不同的情境和数据，编一道用假设法解决的题目。 课前任务 仿照"鸡兔同笼"，创设不同的情境和数据，编一道用假设法解决的题目。 师：来看看这位同学编的题目。 用你的方法解决这道题。 笼子有很多，30个脚，鸡和兔各有多少只？ 1.交流解题方式。 师：你能用哪些方法解决这道题？ 预设：画图、列表、假设法（根据生回答板书）。	学生自己创编"鸡兔同笼"题目，初步感知"鸡兔同笼"问题里的条件。利用学生的作品，对接他们的经验，调动他们学习的积极性。

		教学过程	
教学流程	数学文化元素	教学活动	设计意图
探究新知	对比思想的运用，培养学生的观察能力和分析能力。	2.解题。 师：任选一种解题方式在作业纸上做一做吧！ （师巡视拍两幅学生作品上传电脑） 3.交流解法。 师：我们来看看这两位同学的作品，谁能说说他们的解题过程？ 师：这是哪位同学做的？你的思路在哪里和他不一样？ 小结：两位同学假设的角度不同，但都通过列式的方法得到了相同的结果。（师板书：列式） 师：有用其他方式解答这道题的吗？ 预设1：有同学通过画图或列表解题。这题数据小，可以用画图或列表解决。 师：这两位同学喜欢利用更加直观的方法进行解题，也很好。 预设2：没用其他方法解题。 师：老师将画图和列表的解法整理出来了。 4.归纳解题思想。 师：请同学们认真观察并想一想：这三种解题方式之间有什么相同之处？ 学生小组讨论后汇报。 生1：列表中13、0、26这一列数据是先假设出鸡和兔的只数，再根据假设数据进行计算、调整。 生2：画图先画8只鸡，也就是假设全部是鸡，再根据假设计算总脚数，不对再调整。 生3：列式开始就进行了假设。	交流解题思路，回顾解题方法的同时培养学生的数学思维和语言表达能力。 将三种解题方式进行对比分析，剖析它们的相同点：都经历了"假设—验证—调整"的过程；都蕴含着假设的思想方法。所以画图、列表、列式也属于假设法。在探究中归纳总结出解决"鸡兔同笼"问题的数学本质：用假设法解题。教会学生大胆对比，培养学生深度探究的精神和归纳总结的能力。

第三章　课堂教学革命与数学文化的对话

教学流程	数学文化元素	教学活动	设计意图
		教学过程	
探究新知		小结：根据同学们的回答，这三种解题方式都有假设的思想方法，所以它们都属于假设法。这节课我们重点就是研究用假设法解题的思维价值。 5.优化解题方式。 师：在解决"鸡兔同笼"这类问题时，我们有这三种解题方式，你更喜欢哪种解题方式呢？ 生1：列式计算好，因为数据较大时画图和列表比较麻烦。 生2：我们在探究新问题时，可以通过画图或列表来探究其中的规律，然后根据规律列式计算更简便。 小结：列式解答这类问题更简便。（师用红笔画☆） 板书设计： 画图　列表　☆列式 ↘　↓　↙ 假设法	优化解题方式，体现每种解法的价值。数据较小时利用画图、列表的方式比较直观，更便于发现解题的规律，在得出规律后用列式的方式解题更通用、更简便。培养了学生的分析能力、判断能力和优化意识。
巩固练习	借助观察法、比较法，引导学生分析问题。	（三）分析题目，建立模型 1.寻找编题中的模型。 师：老师这里还有六位同学编的题目。请同学们带着下面三个问题，四人一小组进行交流。 1.这些题目，是否可以用假设法解题？ 2.编题是否合理？ 3.想一想，题中"?"相当于鸡，"?"相当于兔，"?"相当于头，"?"相当于总脚数。 师：讨论好了吗？你认为哪些是合理的题目？ 生：第①、③、⑤、⑥题合理，第②、④题不合理。	充分利用学生自己创编的题目，让学生当小老师来评判对错。这种方式大大地调动了学生的学习兴趣，提高了学生的探究欲望和求知欲。

	教学过程		
教学流程	数学文化元素	教学活动	设计意图
巩固练习	感受数学与生活的密切联系，从题目中抽象出数学模型，培养学生的建模思想。	师：还有其他想法吗？看来同学们都有了自己的判断。下面让我们再次走进每一道题，任选一题分享一下你的判断。 生1：我选第④题，这道题6条船相当于头，54人相当于总脚数。这题缺少大船和小船坐的人数，所以编得不合理。 师：我班××同学也以大船和小船为情境编题，我们来看一下。快速判断一下是否正确。掌声鼓励。 生2：我选第②题，这题猫和狗都是4条腿，而鸡兔同笼问题里的脚数是不一样的。 生3：我选第③题。这题里"每盒钢笔4支"相当于兔，"每盒铅笔2支"相当于鸡。头是10盒，总脚数是24支。可以用假设法解题。 生4：我选第①题。这题里"蛐蛐"相当于鸡，"蜘蛛"相当于兔，头是10只，总脚数是68只。这题可以用假设法来解决。 师：这里蛐蛐6条腿，蜘蛛8条腿。不是4和2呀？ 生5：脚数不一定必须是4和2，可以是任意两个数。只要两个脚数差不是0就可以了。 生6：我选第⑤题。这道题可以用假设法解题。 师：请同桌再互相说一说：什么相当于鸡？什么相当于兔？什么相当于头？什么相当于总脚数？ 师：这里鸡和兔的脚数变成了多少？ 师：最后一题，静静地再思考一下这三个问题。可以用假设法解题吗？ 师：好，我们来提高一下难度，谁能当场将"小轿车和三轮车"换一下，再创设出其他情境的题目？ 学生任意创设情境，有"小轿车和摩托车""三轮车和摩托车""三轮车和独轮车"等。 师：经过再次分析这些"鸡兔同笼"的题目，你们发现了什么？ 生7："鸡兔同笼"问题不一定是鸡和兔的问题，还可以是其他问题。	任选题目分析，将课堂交给学生，给他们以充分的自主权。学生体会到主人翁的意识和责任，极大地调动了他们发言的积极性，培养了他们的思维能力和语言表达能力。 六道题目，六种情况，让学生在分析中学会判断，在判断中学会总结。不合理的题目教会学生编题时要数据正确、情境合理。正确的题目情境不同，数据不同，但都属于"鸡兔同笼"问题，建构"鸡兔同笼"问题的模型。

第三章 课堂教学革命与数学文化的对话

	教学过程		
教学流程	数学文化元素	教学活动	设计意图
巩固练习		生8：鸡和兔的脚数可以是4和2，也可以是其他数据。只要能求出相差量就可以了。 生9：编题时要注意情境合理，数据要准确，不可少条件。 师：通过讨论，①、③、⑤、⑥号同学编的题目是正确的。请这四位小老师站起来，大家掌声鼓励，谢谢他们编的题目。 师：温故而知新，现在同学们对"鸡兔同笼"问题又有了新的认知。 2.解决"倒扣分"题。 师：我这里还有一位同学编的题目，一起来看看。 师：用30秒时间独立审题。好，请尝试用你喜欢的方法做一做吧！ 学生独立完成，老师上传两位同学的做法，集体对照答案。 师：做错的同学请举手，能说说错在哪一步吗？ 生：我用的是8−2=6（分）。 师：请同学们对比这两道题的解题过程，有什么不同之处？同桌交流一下。 	"倒扣分"属于"鸡兔同笼"问题的难点类型，通过对比，探究不同的原因，进一步理解"倒扣"是什么意思，从而得到求两个量的相差值时有时用减法，有时要用加法的规律。 有了以上的教学，这里顺理成章地对"鸡兔同笼"问题建模并归纳出解决方法是假设法。
	用对比的数学思想探究两道题中求两个量的相差值方法不同的本质。		

		教学过程	
教学流程	数学文化元素	教学活动	设计意图
巩固练习	模型思想方法的运用,明确解决"鸡兔同笼"这类问题的方法。	生:这题是倒扣分,求鸡脚和兔脚相差多少用加法。前面一题用减法。 师小结:原来在求两个量的相差值时有时用加法,有时用减法。同学们做题时要仔细审题哦! 师:请同学们拿出自己编的题目,同桌交换互相检查是否正确,如果正确给他画一个笑脸,如果错了请圈出来,下课让他订正。 3.建模。 师:我们所研究的"鸡兔同笼"问题不仅是鸡和兔的问题,还可以是生活中像这样的很多问题。所以,"鸡兔同笼"问题是一类题目的模型,它们都可以用假设法来解决。(板书副标题) 	
拓展延伸	运用陶行知的"小先生制",体现教学方法的多样性。	(四)交流古人的解法 师:"鸡兔同笼"是古人的一道趣题,你们知道古人的解法吗? 师:两种学习方法供选择:一是我教你们听;二是自学古法,然后当小老师上台讲解。 1.自学古法。 师:同学们很有挑战精神,下面请按自学要求进行自学。 自学要求: 1.请认真阅读资料,圈出你认为关键的句子。 2.在图下面列出算式。 3.有什么不明白的可以和同桌交流。	将"小先生制"运用到课堂中,请学生来讲解古人的算法,培养学生的自学能力和语言表达能力。

第二章 课堂教学革命与数学文化的对话

		教学过程	
教学流程	数学文化元素	教学活动	设计意图
拓展延伸	感受古人的智慧，体会古代方法的巧妙之处，激发学生对传统文化的热爱。	2.小老师讲解。 师：同学们看明白了吗？谁来当小老师。 教师配合学生的讲解，播放微课视频理解94÷2=47（只）表示的意思。 师：同学们还有哪里不懂？ 生：47-35=12（只）没看懂。 师：请同学们仔细观察，当鸡和兔都抬起一半的脚后，这时鸡在地上的脚和鸡头有什么关系？兔在地上的脚和兔头有什么关系？谁能来解释一下？ 生：这时一只鸡脚对应一个鸡头，两只兔脚对应一个兔头。如果将一只兔脚也对应一个兔头，这时35个头就对应35只脚，47-35=12（只）就是多出的兔脚，一只兔子多一只脚，多出12只脚就有12只兔子。 生讲解时，师白板画图演示地上脚和头之间的一一对应关系。 师：学习了古人的解题方法，给它起个名字吧！ 生：抬脚法。 3.对比择优。 师：对比古人的抬脚法和我们用的列式解法，有什么相同之处？	微课的运算帮助学生直观地理解鸡兔抬起一半的脚后地上脚的情况。再配上动画采用"一一对应"的思想，突破这个解法的难点：一个头对应一只脚，有35个头就对应35只脚，多出的脚是兔子的脚，一只兔子多出一只脚，就求出兔子的只数了。

		教学过程	
教学流程	数学文化元素	教学活动	设计意图
拓展延伸	对比中择优，教会学生辩证地看待问题。	《孙子算经》里的解法： 古人算法可以下图表示： 头…(35) 脚减半 (35) 下减上 (35) 上减下 (23)…鸡 脚…(94)　　　(47)　　　(12)　　　(12)…兔 94÷2=47（只）　47−35=12（只）　35−12=23（只） 对比古今两种解法，有什么相同之处？ 假设35个头全是鸡。 35×2=70（只） 94−70=24（只） 4−2=2（只） 24÷2=12（只） 35−12=23（只） 答：鸡有23只，兔子有12只。 生：都有假设的思想。 生：得到的结果是一样的，古人用了三道算式。古人的方法更简便。 师：古人真的很聪明，用三道算式就解决了"鸡兔同笼"问题，还概括出了关键句。后面我们在解决"鸡兔同笼"问题时就用抬脚法了。 生：不可以，抬脚法有的题目不适合。比如脚数是3和2的就不可以了。 师：同学们真棒！举了一个反例就充分地说明古人方法的局限性。看来我们的方法更通用。	古、今解法的对比，凸显假设的思想，体会到假设法解题的本质。学生体会辩证地看待问题。
总结梳理	增强民族自豪感。	师：通过这节课的学习，你有什么收获？ 师：我们学习的"鸡兔同笼"问题来自哪本古代数学名著？你们还了解哪些数学名著？让我们一起去看一看吧！ 学生欣赏介绍古代数学名著的视频并谈感受。	观看古代数学名著视频，增强民族自豪感。

教学评价：

1.明算理。

数学语言表达能力是思维能力的体现。想让学生真正理解"鸡兔同笼"问题中的每一步算式表示什么，就必须让学生明晰运算的道理，理解透彻并表达出来。在教学中，充分鼓励学生说解题过程，学当小老师介绍古人的解法。综观整个教学过程，本课的特点是：在情境中导入，在探究中求知，在碰撞中生成，在合作中交流，在练习中提升。学生通过多种形式的表达，以"说"促"思"，加深了对所学知识的理解，培养了学生良好的思维品质。

2.揭本质。

解决"鸡兔同笼"问题，可以使用画图、列表、列式等策略，它们不是孤立存在的，而是相互联系的。本节课教师重在引导学生寻找三者之间的本质，在讨论中发现画图、列表、列式虽然看起来是不同的方法，但本质上是一致的，它们都有假设的思想，经历"假设—验证—调整"的思维过程，这样的探究使学生对假设法有更深刻的认识和体会。

3.巧建模。

模型思想是学生体会和理解数学与外部世界联系的基本途径。类推迁移有助于学生理解"鸡兔同笼"的模型思想，深度理解知识本质，促进知识内化、发展，提高问题解决的能力。教师利用学生创编的题目，带着三个问题深入分析每一道题，从中感悟、体会"鸡兔同笼"中蕴含的模型和思想方法，从而促进学生迁移类推，构建模型，学会运用假设的思想方法解决问题。在学生亲身经历将实际问题抽象成数学模型并进行解释和应用的过程中，其思维能力、情感态度与价值观等多方面得到发展。

4.重文化。

"鸡兔同笼"是我国民间广为流传的数学趣题，出自一千五百年前的数学著作《孙子算经》。这堂课古代名题贯穿始终，分析它的解题思路，探究它的思维价值。整节课学生都受到古代数学文化的熏陶。特别是在古、今解题方法的对比中，感受古人的智慧的同时，学生体会到假设法的奥妙：从不同的角度进行假设，可以探究出不同的解题方法。课的最后对古代数学名著的赏析，厚植民族文化自信，培养学生的爱国情怀，增强民族自豪感，激发学生的阅读兴趣。

（此课例在芜湖市名师工作室联合研修活动中公开执教展示）

【教学案例】"总复习：图形的测量"

课题：总复习：图形的测量	设计者：李蒙	单位：芜湖市镜湖新城实验学校
教学内容：人教版数学六年级下册第六单元"整理和复习"第85～87页		
教学目标： 1.通过回顾梳理立体图形的体积计算公式和平面图形的面积计算公式以及推导过程，引导学生用思维导图的形式将图形串联起来，沟通图形的体积和面积之间的内在联系，形成知识结构网络。 2.引导学生透过体积、表面积等计算公式的表面，从图形的形成角度去发现图形内部的联系与区别。 3.回顾面积和体积的推导过程，由体积到面积最后到长度，让学生充分感知"测量"的数学本质。		
教学重难点： 教学重点：通过梳理图形的特征和计算公式，借助转化的方法，沟通立体图形和平面图形之间的内在联系。 教学难点：利用知识之间的内在联系解决问题，进一步发展学生的空间观念。		
教学准备：课件、多功能尺、课前测试、整理复习本。		

	教学过程		
教学流程	数学文化元素	教学活动	设计意图
导入新课	通过谈话，让学生感受生活中的数学，体会数学与生活的密切联系。	（一）谈话导入，激发兴趣 （拿出一张A4纸） 问：大家看，这张A4纸是什么图形？ 生：长方形。 师：你确定吗？还有没有不同的答案？ 生：长方体。 师：为什么呢？ 问：生活中有没有哪个物体是平面图形？ 师小结： 生活中所有物体的形状都是立体图形。这节课我们就从立体图形入手，一起来复习图形的测量。 （板贴：图形的测量） 师：回忆一下，我们都学过哪些立体图形？ 生：长方体、正方体、圆柱和圆锥。	由生活中常见的A4纸引出问题"这张A4纸是什么图形"，激起学生生活经验与知识的矛盾，得出"生活中所有物体的形状都是立体图形"，激发学生继续探究知识的兴趣和激情。
探究新知	充分引导学生通过对比找到相同点和不同点，从图形的本质出发，在回顾计算公式的推导过程中，引导学生用思维导图的形式对知识进行整理。	（二）复习立体图形的体积和表面积 1.立体图形及其体积计算公式的相同点和不同点。 （1）立体图形的相同点和不同点。 课件出示（立体图形） 长方体、正方体、圆柱和圆锥 师：这几个立体图形除了特征之外，还有什么相同点和不同点？ （生回答） 预设： 不同点：各自的V计算公式不一样。 后两个是旋转体。前两个不是。 相同点：前3个都有1个侧面和2个底面。 它们都是直柱体。$V=sh$。圆锥不是。 生汇报到体积时， 师：嗯，讲得很好！复习立体图形时，我们要复习它的体积。（板贴：体积） 生汇报到表面积时，师板贴：表面积。 （2）立体图形的体积公式及推导过程。 长方体、正方体、圆柱和圆锥 师：这四个图形中，我们最早研究的是哪个图形的体积？（长方体）	围绕"有什么相同点？有什么不同点？"充分引导学生通过体积的计算公式的表面，从图形的形成角度去发现图形内部的联系，打通图形的"任督二脉"；通过回顾计算公式的推导过程，引导学生用思维导图的形式将图形串联起来，形成知识结构图；在复习过程中，让学生充分感知

第二章 课堂教学革命与数学文化的对话

教学过程			
教学流程	数学文化元素	教学活动	设计意图
探究新知		师：它的体积公式是怎么得到的呢？ （$V=abh$）我们一起来回顾一下。 ①长方体。 问：长方体的体积怎么计算？它和小正方体的个数又有什么关系呢？ 生答。 师小结： 立体图形中包含体积单位的数量就是立体图形的体积。 （板贴：体积包含体积单位的数量） 那么，其他几个图形的体积公式是什么？又是怎么推导的呢？ 随机汇报。 ②正方体。 生：正方体是特殊的长方体，当它的长宽高都相等的时候就是正方体，所以它的体积=长×宽×高=底面积×高，即$V=a^3$。 ③圆柱和圆锥。 生：把圆柱的底面分成许多相等的扇形，再把圆柱切开，拼成一个近似的长方体，分成的扇形越多，拼成的立体图形就越接近长方体。 长方体的体积等于底面积乘高。 圆柱的体积也等于底面积乘高。 师：很好，在这个公式的推导过程中，我们用到了一个很重要的数学思想——转化，把不能直接测量的图形化曲为直，转化成学过的图形进行推导。	"体积"的数学本质就是包含体积单位的数量。
	此处运用转化的数学思想，将不能直接测量的图形化曲为直，转化成学过的图形进行推导。		利用PPT动画生动地演示立体图形的体积公式推导过程，以及它们之间的联系。化静为动，化抽象为形象，发展了学生的空间观念。沟通立体图形之间的联系。

		教学过程	
教学 流程	数学文化元素	教学活动	设计意图
探究 新知		（板贴：转化） 长方体体积=底面积×高 圆柱体积=底面积×高 $V=Sh$ 生：圆锥倒了三次水正好把等底等高的圆柱倒满。 $V_{圆锥}=\dfrac{1}{3}V_{圆柱}=\dfrac{1}{3}Sh$ ④小结。 谁能完整地说说体积公式的推导顺序？ （用箭头表示出推导过程） （3）体积计算公式的相同点和不同点。 ①出示表格。	在对比中找到体积公式的相同点和不同点。从公式和形成过程中分别解释了长方体、正方体和圆柱的体积为什么是底面积乘高，而圆锥不是。

立体图形的体积公式

立体图形	体积计算公式	体积计算公式
	$V=abh$	直柱体体积= 底面积×高 $V=Sh$
	$V=a^3$	
	$V=\pi r^2 h$	
	$V=\dfrac{1}{3}\pi r^2 h$	

第二章 课堂教学革命与数学文化的对话

		教学过程	
教学流程	数学文化元素	教学活动	设计意图
探究新知		师：把它们放在一起看，有什么相同点和不同点？ 长方体、正方体和圆柱的体积公式为：$V=Sh$。 生：前三个相同点：$V=Sh$　　圆锥：$V=1/3Sh$。 师：为什么前三个都可以用$V=Sh$？哪里有S、h？ 生：公式中就有，可以从形成方式来看。 师小结： 从公式中，我们就可以看出，长方体、正方体和圆柱的体积都是$V=Sh$，而圆锥$V=1/3Sh$。 ②柱体和锥体的形成方式。 圆柱：圆形在垂直于底面的方向上平移的过程中形成立体图形。 长方体、正方体： 长方形在垂直于底面的方向上平移的过程中形成立体图形，或正方形在垂直于底面的方向上平移的过程中可以形成长方体或者正方体。所以说，正方体也是特殊的长方体。（生说师操作） 师：平移到什么时候时形成正方体？（边平移边说） 圆锥的上下面不一样，它的上面是一个点。 师小结： （课件演示：表格分两类） 像长方体、正方体和圆柱这样，横截面处处相等的立体图形，叫作柱体。体积都可以用$V=Sh$来计算。 而圆锥是锥体，它的体积用$V=1/3Sh$来计算。 ③拓展：是不是旋转体。 圆锥以直角三角形的一条直角边为轴，旋转一周形成的几何体就是圆锥。 圆柱以长方形或正方形的一条边为轴，旋转一周形成的几何体就是圆柱。 师：长方体和正方体可以通过图形的旋转得到吗？	课件动态演示长方体、正方体和圆柱的形成过程，化静为动，化抽象为形象，让学生更清楚地理解直柱体。 借助课件演示圆柱和圆锥可以通过旋转得到，而长方体和正方体不能。帮助学生更清楚地理解旋转体的形成过程，扩大了学生的知识面。

		教学过程	
教学流程	数学文化元素	教学活动	设计意图
探究新知	通过观察、比较、讨论，学生在图形的形成、展开、变化的过程中，感受化静为动，化抽象为形象的过程。 学生感受正方体是特殊的长方体，体会立体图形之间的联系。	生：不可以。 师小结： 通过复习四个立体图形的体积公式，发现他们既有各自的计算方法，又有相同之处。 复习立体图形，除了复习体积外，你还想复习什么？（表面积） 2.复习立体图形的表面积。 （1）表面积的计算公式。 打开你的复习资料，和同桌互说。 | 立体图形	表面积计算公式	体积计算公式
---	---	---
长方体	$S=2(ab+ah+bh)$	$V=abh$
正方体	$S=6a^2$	$V=a^3$
圆柱	$S_{侧}=Ch=2\pi rh$ $S_{表}=S_{侧}+2S_{底}$ $S_{底}=\pi r^2$ $=2\pi r(h+r)$	$V=\pi r^2h$
圆锥	——	$V=\frac{1}{3}\pi r^2h$ | 和你们说的一样吗？ （2）表面积的相同点和不同点。（展开图） 师：想一想它们的展开图分别是什么样子的？ 生汇报，师课件演示。 追问：你想得真全面！什么情况下圆柱的展开图是正方形？（底面周长=高）想象一下，这个圆柱是什么样子的？（细长的）正方形是特殊的长方形，我们就以长方形为代表。 师：观察展开图，有什么相同点和不同点？ （可涂色） 预设1： 长方体、正方体和圆柱的展开图（表面）是由1个侧面和2个底面组成的。 圆锥的展开图（表面）是由1个侧面和1个底面组成的。 预设2： 长方体、正方体和圆柱的表面积等于1个侧面积+2个底面积。	课件演示长方体、正方体、圆柱和圆锥的展开过程，生动地演示了图形的形成、展开、变化过程，化静为动，化抽象为形象，发展了学生的空间观念。

		教学过程	
教学流程	数学文化元素	教学活动	设计意图
探究新知	引导学生透过现象感受到图形之间的联系，帮助学生积累丰富的数学经验，有效发展学生的高阶思维能力。	圆锥的表面积等于1个侧面积+1个底面积。 师小结：如图，正如刚才同学所说，（出示大括号，弹出公式）长方体、正方体和圆柱的表面积都是1个侧面积+2个底面积。 师：哎呀！圆锥怎么就一个底面积呢？ 生：因为它的另一个面缩小成一个点。 （3）侧面积的相同点和不同点。 师：观察侧面展开图，有什么相同点和不同点？（讨论一下） 生汇报：长方体、正方体和圆柱都是长方形，圆锥是扇形。前三个立体图形的侧面积都是$C_底 h$。 $S_表=S_侧+2S_底$ 　　　$S_表=S_侧+S_底$ $S_侧=$底面周长×高 　　$=C_底 h$ 师小结：长方体、正方体和圆柱的表面积都可以用1个侧面积+2个底面积来计算，而侧面都是长方形，都可以用底面周长乘高来计算。而圆锥的表面积=1个侧面积+1个底面积。 师总结：我们通过复习立体图形的表面积和体积，找到了它们之间的相同点和不同点，并用表格的形式把它们整理出来，以后你们再学习其他知识时，也可以运用表格法，将知识进行对比、归纳。 师：刚才，我们把立体图形展开得到了平面图形。（板贴：体—面） （三）复习平面图形的周长和面积 长方形、正方形、平行四边形、圆形、三角形和梯形。 师：关于这些平面图形，除了上节课复习的特征之外，你还想复习什么？ 生：周长、面积。	通过数形结合的方式，学生理解长方体、正方体和圆柱侧面积都是长方形，圆锥侧面积是扇形。前三个立体图形的侧面积都是用底面积乘以高来计算的。 把体展开得到面，由面的复习过渡到长度的计量。

	教学过程		
教学流程	数学文化元素	教学活动	设计意图
探究新知	探索知识之间相互联系的过程，培养学生观察、比较、分析、推理的能力，同时进一步发展学生的空间观念。	（板贴：周长、面积） 1.复习平面图形的面积。 师：平面图形中哪个图形是最基本的图形？ （长方形）课件出示。 师：它的面积是怎么得到的呢？ （1）长方形面积推导。 播放动画。 师：长方形的面积怎么算？它和小正方形的个数有什么关系？ 生答，师小结：这个长方形一共含有15个1平方厘米的小正方形，它的面积就是15平方厘米。 也就是说，（课件出示）平面图形中所含面积单位的数量就是平面图形的面积。 （板贴：面积包含面积单位的数量） （2）其他图形面积的推导。 师：其他图形的面积是怎么推导的呢？回想一下，我们刚才在复习体积时，是怎么推导的呢？（出示刚才体积的思维导图）有想法了吗？现在，请你按这样的思路，在长方形面积的基础上继续推导。 四人小组讨论。 （1）这些图形的面积计算公式是什么？又是怎样推导出来的？ （2）它们之间有什么联系？请用思维导图的形式表示出来。（合作完成） 课件出示活动要求：四人小组讨论，并合作完成一个图就行。	通过回顾计算公式的推导过程，引导学生用思维导图的形式将图形串联起来，形成知识结构图；在复习过程中，让学生充分感知面积的数学本质。

		教学过程	
教学流程	数学文化元素	教学活动	设计意图
探究新知	渗透"事物之间的相互联系"的辩证唯物主义观点和"转化"的数学思想方法。	小组展示汇报。生到投影仪前给大家讲一下自己的想法。 正方形面积推导： 生：长方形的长等于宽时，$S=a^2$。 平行四边形面积推导： 生边说边演示：沿高剪出一个三角形和直角梯形，或两个直角梯形，拼出一个长方形。长方形的长等于平行四边形的底，长方形的宽等于平行四边形的高。长方形的面积等于平行四边形的面积。所以$S=ah$。（生操作） 圆形面积推导： 生说：拼成近似的长方形。$S=\pi r \times r=\pi r^2$。（师出示课件） 三角形面积推导： 生：两个完全一样的三角形拼成一个平行四边形。$S=\frac{1}{2}ah$。（师操作） 追问：为什么除以2? 梯形面积推导： 生：两个完全一样的梯形拼成一个平行四边形。$S=\frac{1}{2}(a+b)h$。（生操作） 追问：为什么除以2? （边展示边画线） 师小结：看来，平面图形的面积推导过程，也用到了刚才的数学思想：转化。 	引导学生对学习的所有平面图形的面积公式以及推导过程进行了整理和复习。虽然知识容量很大，但是充分地以生为本，四人小组合作复习，用表格、思维导图、集合圈等形式展开对比，找到图形之间的相同点和不同点，充分感受平面图形之间的联系以及面积推导过程。

		教学过程	
教学流程	数学文化元素	教学活动	设计意图
探究新知	用"点动成线、线动成面、面动成体"的知识结构，引导学生换个视角去复习，把体展开得到面，由面的复习过渡到长度的计量。	总结：我们用思维导图的方式复习了立体图形的体积和平面图形的面积。以后，你们再学习其他图形，尤其是整理复习时，也可以用这种方式对知识进行梳理。 师：平面图形除了面积外，还有什么？（板贴：周长） 2.复习平面图形的周长。 师：周长的计算公式，你会吗？ 生汇报周长计算公式，师出示。 平面图形的周长和面积公式 $C_{长方形}=2(a+b)$ $C_{正方形}=4a$ $C_{圆形}=2\pi r=\pi d$ 师：其他图形的周长呢？ 生：其他图形的周长等于所有边长的和。 师：用一句话概括什么是周长？ 生：围成一个封闭图形一周的长度就是周长。 师：很好！那什么是长度呢？（板贴：长度） 生：包含长度单位的数量就是它的长度。 （板贴：包含长度单位的数量） 师：比如，这条线段长（ ）厘米？为什么？ 生：7厘米，因为它里面包含7个1厘米。 师：对！看来，你已经领悟了长度的本质。 师小结：所谓图形的测量，其实就是图形中包含计数单位的数量。（板书：大括号）	充分让学生感受"面—体—线"的过程，在复习平面图形的周长计算的同时，让学生充分感知"测量"的数学本质。图形的测量，其实就是图形中包含计数单位的数量。

第三章 课堂教学革命与数学文化的对话

		教学过程	
教学流程	数学文化元素	教学活动	设计意图
探究新知	针对学生的知识薄弱点，有的放矢地对症下药、重点剖析；通过数学思想方法的渗透，引导学生透过现象感受到图形之间的联系，帮助学生积累丰富的数学经验，有效地发展学生的高阶思维能力。	（四）回顾课前测试 师：还记得我们做的课前测试的第8、9、10题吗？想不想知道，你们做得怎么样？我们一起看一下。 1.第8题。 师：首先我们来看一下第8题。正确率72%。36人做对，14人做错。（展示学生做的正确答案）猜一猜，可能错哪了？（生说） 师：正如你们所猜的。（出示学生作业） 预设1：误把周长算面积。$60+60+S_圆$。 预设2：$C_长 - C_圆$。 小结：以后做题时，一定要看清题目，分清周长和面积。 2.第9题。 师：28人做对了！谁来说一说你的思路？ 生说，师演示。 生：$60 \div 2 = 30$（cm^2） $dh = 30$（cm^2） $S_侧 = C_底 h = \pi\, dh = 30\pi$	"课前测试"相当于悬丝诊脉，通过批改、统计、分析学生课前做题的正确率、错误原因，老师针对学生的知识薄弱点，有的放矢地对症下药、重点剖析；通过数学思想方法的渗透，引导学生透过现象感受到图形之间的联系，帮助学生积累丰富的数学经验，有效地发展学生的高阶思维能力。

	教学过程		
教学流程	数学文化元素	教学活动	设计意图
探究新知		师：我们虽然不知道具体的直径和高，但我们知道它们的乘积，把它们整体代入求值，从而解决这道难题。整体代入的思想很重要，数学书第91页思考题也要用到这个思想，同学们可以课下试着做一做。 3.第10题。 师：有18人做对了。我分类了一下，他们用了三种不同的方法。×××等5人是这样做的。说一说你们的思路。×××等2人是这样做的。说一说你们的思路。还有11人是直接用5×5除以2来做的，谁来说一说你们的想法？ （生说，师课件演示） 小结：对比三种方法，他们都是通过割、补、转化等方法求出了阴影部分的面积，但是转化的方法最简单。	期末复习就是"串珍珠"——形成知识的结构化梳理；"打补丁"——及时查漏补缺，对症下药；"集错题"——建立教师错题本和学生错题本，提高期末复习的效率。
回顾总结	介绍图形整理复习的方法，让学生感受图形之间的联系，体会数学的本质。	（五）回顾总结，文化渗透 师：这节课，我们围绕测量复习了立体图形的表面积和体积的计算、平面图形的周长和面积的计算。通过这节课的复习，你有什么新的收获呢？ 生：V S C。 师：还有吗？ 生：转化。 师：是的，我们在复习体积和面积时，都用到了"转化"的思想，以后你们在学习其他数学知识时，都可以用。 生：长度、面积和体积包含…… 师：对！所谓图形的测量，就是（图形中）（包含）计量单位（的数量），就是图形的测量。（板书：大括号） 师：你还有什么收获？ 生：思维导图。 师：这是我们在学习数学时常用的方法，尤其在整理复习时，除了它以外，还有表格、集合圈等。	整理复习课不能简单地等同于知识的简单重复或是简单叠加，它更注重的是引导学生梳理知识之间的结构，发现知识之间的联系；基于单元整体教学的整理复习模式，将多种理念与方法进行整合重组运用，往往能收到1+1>2的效果。

第二章　课堂教学革命与数学文化的对话

续 表

教学流程	数学文化元素	教学活动	设计意图
拓展延伸	将多种理念与方法进行整合重组，培养学生的自学能力和探究意识。	（六）拓展延伸，构建联系 师总结：小学阶段，我们学习了这么多有关图形的知识和数学方法。到了初中，我们还会学习更多的图形知识，如勾股定理、同位角、内错角等，我们仍然可以用小学时的数学思想和方法研究。	在收获中引导学生总结复习的方法，换个视角去复习，把体展开得到面，由面的复习过渡到长度的计量。让学生充分感受点、线、面、体之间的联系。

板书设计：

总复习：图形的测量

面 ◄——— 体　　转化

周长　面积　　表面积　体积

周长　包含长度单位的数量
面积　包含面积单位的数量
体积　包含体积单位的数量

教学评价：

1.本节课是小学阶段"图形与几何"知识的系统整理与复习。通过回顾梳理立体图形的体积计算公式和平面图形的面积计算公式以及推导过程，引导学生用思维导图的形式将图形串联起来，沟通图形的体积和面积之间的内在联系，形成知识结构网络。引导学生透过体积、表面积等计算公式的表面，从图形的形成角度去发现图形内部的联系与区别。回顾面积和体积的推导过程，由体积到面积最后到长度，让学生充分感知"测量"的数学本质。

2.通过"课前测试"，统计和分析学生的知识薄弱点，有的放矢地对症下药、重点剖析；引导学生透过现象感受到图形之间的联系，帮助学生积累丰富的数学经验，有效地发展学生的高阶思维能力。

3.学生探索知识之间相互联系的过程，培养学生观察、比较、分析、推理的能力，同时进一步发展学生的空间观念。渗透"事物之间的相互联系"的辩证唯物主义观点和"转化"的数学思想方法。

（此篇教学设计曾经在2021年镜湖区教研活动中公开执教）

第三节　数学核心素养与数学文化的对话

　　解决数学问题的任何一个过程都是一次极富挑战、极具魅力的数学探究之旅。在这一过程中，数学知识的获得、数学技能的提高、数学熏陶、数学活动经验的建立都在以潜移默化的方式悄悄发生。而我们的数学教学就应该经常性地为学生创造平台，感受数学文化，激发学生学习数学的兴趣，全方位地提高学生的数学核心素养。

一、会用数学的眼光观察现实世界

　　数学为人们提供了一种认识与探究现实世界的观察方式。通过数学的眼光，可以从现实世界的客观现象中发现数量关系与空间形式，提出有意义的数学问题；能够抽象出数学的研究对象及其属性，形成概念、关系与结构；能够理解自然现象背后的数学原理，感悟数学的审美价值；形成对数学的好奇心与想象力，主动参与数学探究活动，发展创新意识。

　　在义务教育阶段，数学眼光主要表现为：抽象能力（包括数感、量感、符号意识）、几何直观、空间观念与创新意识。

【教学案例】"奇妙的图形"

课题：奇妙的图形	设计者：赵丽娟	单位：芜湖市北塘小学
教学内容：由人教版数学五年级上册"铺一铺"改编而成		
教学目标： 1.学生认识平面图形的密铺，探究密铺的规律。 2.在探究过程中，学生的猜测、验证和推理等能力得到提升，空间观念得以培养。 3.学生经历分类、观察、实验等数学活动，感受图形的奇妙，学习数学的兴趣得以激发。 4.学生感受转化、推理等数学思想。		

小学数学教学与数学文化的对话

教学重难点：
教学重点：学生在数学活动中感受奇妙的图形，激发学生对数学的学习兴趣。
教学难点：学生探究、理解图形密铺的规律。
教学准备：多媒体课件，给每组学生准备可操作的磁性图形。

教学过程			
教学流程	数学文化元素	教学活动	设计意图
导入新课	将数学与生活相联系，从数学中的图形角度去观察生活中的二维码图案，引导学生用数学的眼光观察世界。	师：在现在的生活中，二维码应用得十分广泛。观察一下，二维码是由什么组成的呢？ 生：二维码就是用简单的几何图形按一定规律在平面上分布的图案。 问：二维码的图案都是一样的吗？ 师：看似简单的几何图形，因为排列的规律不相同，所以形成了许许多多不同的图案；如果有更多不同形状、不同大小的简单图形，那么就可以拼成更加丰富多彩、更加奇妙的图案。今天，就让我们一起走进奇妙的图形世界。 （板贴课题）	从生活中被广泛应用的二维码入手，引导学生用数学的眼光发现简单的几何图形，因为排列规律不同，可以组成许许多多不一样的图案，从而导入课题。这是"奇妙的图形"之初体验。

		教学过程	
教学流程	数学文化元素	教学活动	设计意图
探究新知	通过课件的动态演示，引导学生关注图形的运动本质；再让学生着重关注运动后的图案特点给图案分类，也是引导学生忽略颜色、形状等干扰因素的影响，着重关注"密铺"的本质。	（一）感受密铺 1.师：同学们，咱们认识哪些平面图形？ 学生回答，教师随机出示课件。 师：这些平面图形经过平移、旋转等运动后，可以形成一些新的图案呢！（课件演示） 你们能根据这些运动后的图案特点给这些图案分类吗？ ① ② ③ ④ ⑤ ⑥ 问：你们能根据运动后的图案特点给这些图案分类吗？ 小组讨论后学生汇报。 你们能根据这些运动后的图案特点给这些图案分类吗？ ① ⑥ ④ ③ 密铺 ② ⑤ 师板贴：完全相同的图形　没有重叠　没有空隙 2.师小结：像这样用形状、大小完全相同的平面图形，没有重叠、没有空隙地铺在平面上，这就是平面图形的密铺。（板贴：密铺）	学生经历"分类"的数学活动，在图形的对比中认识密铺图形的特点，同时培养学生大胆质疑的意识和能力。

第三章　课堂教学革命与数学文化的对话

		教学过程	
教学流程	数学文化元素	教学活动	设计意图
探究新知	对于生活中常见的图形直接观察，对于不太熟悉的图形动手实验，由此培养学生灵活解决问题的能力。	3.师：关于"密铺"，你想知道些什么？ 学生自由提问。 师：同学们的提问很有价值！今天咱们就来解决同学们的疑问吧。 （二）探究密铺 探究一：哪些平面图形可以密铺？ （1）质疑牵引，大胆猜想。 如果密铺平面时只用一种图形，哪些图形可以密铺？哪些图形不能密铺？ 实验提示：1号盒子里装有形状、大小完全相同的若干种图形。 （1）每位同学任意选择一种图形拼一拼、铺一铺。 （2）如果可以密铺，努力做到"没有重叠""没有空隙"。 （3）将铺的结果在小组里交流。 问：哪些图形可以密铺？哪些图形不能密铺呢？先大胆地猜测一下。 学生板贴可以密铺或不能密铺的图形。 师：如何验证咱们的猜想？ 师小结：观察法是我们在学习中常用的方法。 （板书：观察）实践是检验真理的唯一标准。 （板书：实践） （2）动手操作，实践验证。 学生分组实验。 用实物展台展示学生作品，学生汇报实验结果。 （3）师：我们来检验一下同学们的猜测吧。 （调整黑板板书） 师：第一个问题是哪位同学提出的？你能把你观察和实验的结果小结一下吗？ 生小结：可以密铺的图形有……不能密铺的图形有……	在学生经历"猜想—验证"的数学活动过程中，完全地尊重学生，以学生为学习的主体，让学生自己验证、修改自己的猜测，从而认识可以密铺的图形。同时渗透观察、实验等数学方法，为学生的进一步学习打下坚实的基础。

		教学过程	
教学流程	数学文化元素	教学活动	设计意图
探究新知		探究二：探究能否密铺的秘密。 （1）师：同样都是平面图形，为什么有的图形可以密铺？有的图形不能密铺呢？ 师：观察这些图形，你认为能否密铺跟图形的什么有关？ 学生自由回答。（可能出现的答案：边、角） 师：图形能否密铺跟拼接点处的角到底有什么关系呢？ 学生观察图形，小组讨论，然后指名学生汇报。 （2）师：请同学们任意选择图形，咱们来验证一下。 120° 120° 120° 120°×3=360° 324° 108°×3<360° 108°×4>360° 180° 180° 180°×2=360° 学生选择图形验证，课件随机演示。 可以密铺　　　　　不能密铺 360° 360° 360° 360° 360° 360°	此环节以小组为单位，在拼接点的基础上，引导学生发现图形能否密铺的规律，并让学生任意选择图形进行验证。多媒体课件可随机演示，化抽象为形象，有效地突破了教学难点。

第三章 课堂教学革命与数学文化的对话

教学流程	数学文化元素	教学活动	设计意图
		教学过程	
探究新知		（3）师：咱们来归纳一下，为什么有的图形可以密铺？有的图形不能密铺？ 学生小结：（课件演示）拼接点处几个角可以拼接成360°的图形，就可以密铺；不能拼成360°的图形就不能密铺。 探究三：探究任意三角形、四边形都能密铺。 （1）师：研究了特殊的三角形和特殊的四边形之后，你们还有什么新的问题吗？ 预设：一个任意的三角形，可以密铺吗？ 师引导：任意三角形的边和角有什么特点呢？180°和360°有什么联系？ 请学生拿出2号盒子里的任意三角形，小组合作，动手验证。 展示学生作品，学生汇报。 任意三角形可以密铺吗？ $180° \times 2 = 360°$ 任意三角形可以密铺！ 课件演示，师生小结：可以利用转化的思想，将任意三角形转化成平行四边形进行验证（板书：转化）；也可以围绕一个拼接点，将任意三角形的三个不同的角拼成180°，再用另外三个不同的角拼成180°，合起来就是360°，从而推理发现任意三角形都可以密铺。（板书：推理） （2）师：想一想，任意四边形可以密铺吗？如果能，为什么能？ 任意四边形可以密铺吗？	从特殊图形过渡到一般图形，既是对已经探究出的密铺规律的巩固练习，也是本节课知识、能力、数学思想的升华。学生采用不同的方法，转化、推理发现任意三角形、任意四边形都可以密铺，这是"奇妙的图形"的再体验。
	渗透转化的数学思想方法。渗透极限的数学思想方法。		

		教学过程	
教学流程	数学文化元素	教学活动	设计意图
探究新知		师：如果有更多完全一样的任意四边形，我们可以铺满整个屏幕！（课件演示） （3）师：同学们，刚开始我们认为只有几种特殊的图形能够密铺，经过进一步的推理、转化，我们发现任意三角形（板贴）都可以密铺；任意四边形（板贴）也可以密铺；还有正六边形也可以密铺。看来咱们今天的研究非常有价值，这也正是图形的奇妙之处啊！	
联系生活	将数学与生活紧密相连，引导学生用数学的眼光观察世界。	师：生活中哪儿有奇妙的图形密铺现象？学生自由回答，课件随机出示地砖、象棋棋盘、田字格、蜂巢、足球等图片。 	数学来源于生活，又服务于生活。通过寻找生活中的密铺现象，学生发现了数学与生活的联系，感受到了数学的应用价值。

		教学过程	
教学流程	数学文化元素	教学活动	设计意图
拓展延伸	借助鸟巢的视频，既让学生感受立体图形的奇妙，同时培养学生的民族自豪感，进行爱国主义教育。	1.师：除了密铺以外，奇妙的图形还有很多呢！（课件演示三张图片） 问：看了这些图案，你有什么感受？ 师小结：简单的图形可以拼成复杂的图形，平面的图形可以看出立体的效果，静态的图形可以产生动态的体验，平面图形非常奇妙！ 2.师：立体图形更是变幻无穷。（课件演示鸟巢建造视频） 3.今天这节课，给你印象最深刻的是什么？ 师：咱们的研究，从简单图形到密铺图形，从平面图形到立体图形，感受到了图形的奇妙之处；只要你拥有数学的眼光和数学的思维，就会发现还有更多奇妙的图形等着你去发现、去感受、去创造。	拓展环节再次突出教学重点，无论是平面图形还是立体图形，都给学生以强烈的视觉冲击，学生发自内心地感受到"奇妙的图形"，学习数学的兴趣被极大地激发。

教学评价：

这是一节关于图形全等变换的整理复习课，在学生已经掌握了平移、对称、旋转的基础上，引导学生发现图形的密铺（镶嵌）现象，探究其规律；通过欣赏密铺图案，经历欣赏数学美、创造数学美的过程，发展学生空间观念，渗透数学文化。导入新课环节，在自然引出"密铺"的同时，引导学生用数学的眼光去看待现实世界；探究过程中，课件在演示图形的密铺时，始终运用的是图形的平移或旋转进行图形的拼组，进一步巩固图形运动知识；巩固应用环节，通过寻找生活中的密铺现象，引导学生发现数学与生活的联系，感受数学的应用价值；拓展延伸环节，通过对埃舍尔作品的欣赏，激发学生的震撼感，享受由美带来的愉悦，体会数学的文化价值。这样浸润着浓郁的数学文化的整理复习课给学生带来全新的体验，进一步激发学生对数学的喜爱、对人类文明的自豪感。具体表现在以下几点：

1.引导学生用数学的眼光观察世界。本节课充分将数学与生活紧密联系。导入环节从学生熟悉的二维码入手，引导学生从图形的角度观察生活，发现生活中的数学问题；巩固应用环节引导学生寻找生活中的密铺现象；拓展延伸环节以鸟巢为素材，通过观看搭建鸟巢的视频，让学生感受立体图形的奇妙，激发学生的爱国主义情感。

2.渗透数学思想方法。本节课学生亲历数学知识的发现过程，不断提升学生的思维能力。对于哪些图形能够密铺的探究，教师引导学生对于常见的图形可以直接用观察法，有争议的图形再动手实践；对于密铺的探索，不只是停留在表面的认识，还进一步引导学生探究其中的数学规律；从特殊图形到一般图形，运用转化等思想方法让学生将规律进一步推广；对于图形的奇妙感受，在密铺的基础上进一步升华，发现平面图形和立体图形的更多奇妙之处。在整个教学过程中，学生的思维一步步提升，学生对数学知识的探究兴趣愈加浓厚。

3.课件演示恰当有效。整节课教师运用多媒体课件，充分演示，化抽象为形象，帮助学生建立空间观念；课件演示时，所有图形的拼组都运用了平移、旋转等运动方式，让学生感受浓浓的数学味；课件采用超链接的形式，让学生随时验证自己感兴趣的图形，充分体现以生为本。

（此篇课例曾在安徽省2014年小学数学优质课评选比赛中荣获一等奖）

【教学案例】"数学广角——搭配（二）"

课题：数学广角——搭配（二）	设计者：李珍	单位：芜湖市天民学校

教学内容：人教版小学数学三年级下册第八单元数学广角——搭配（二）例1

教学目标：

1.了解搭配方法，理解有序思考的必要性。

2.经历闯关游戏、解决问题的过程，体验观察、对比活动在数学中的应用。

3.在课堂交流过程中，感受数形结合、对比的数学思想方法的应用。

4.在闯关活动中，体会数学知识在生活中的广泛应用，激发学生的爱国情感，培养学生的数学思维能力。

第三章　课堂教学革命与数学文化的对话

教学重难点：

教学重点：初步掌握搭配的方法，体会有序思考的价值。

教学难点：进行有序的搭配，用适当的方式表达出搭配的过程和结果。

教学准备：多媒体课件、学习任务单。

	教学过程		
教学流程	数学文化元素	教学活动	设计意图
导入新课	在冬奥会视频中找数学知识，使学生感受数学知识的广泛应用，感受数学文化。	小朋友们，这节课我们首先共同回顾北京冬奥会，一起探寻北京冬奥会中的数学知识。 1.播放一段冬奥会开幕式的视频。 在刚才的视频中你看到哪些和数学有关的知识？ 你们说得真好！搭配在我们的生活中应用十分广泛。今天我们要学习的内容就是搭配（二）。 2.出示北京冬奥会比赛场地图。 今天我们的课堂上邀请到两位特别的客人（大屏幕出示王濛、谷爱凌照片和简介），你认识她们吗？看到她们获得的荣誉，你们有什么感受？ 是啊！她们很厉害，获得这么多的荣誉。希望小朋友们向她们学习，长大以后做对社会有贡献的人。 这节课就让我们和奥运冠军一起参观奥运场馆，闯关集邮票吧！	通过播放视频展示搭配在冬奥会中的广泛应用，调动学生学习的兴趣，激发学生的好奇心。奥运冠军的出现，激发了学生的积极性，帮助奥运冠军完成闯关任务，更加调动了学生的学习热情，同时数学知识在生活中的应用十分广泛，也培养了学生的爱国情怀。
探究新知	利用对比复习数学知识，渗透对比的数学思想方法。	第一关：冬奥村 出示： 1.用2、4、7能组成多少个没有重复数字的两位数？ 2.用0、2、7能组成多少个没有重复数字的两位数？ 你们会解决这两个问题吗？对比这两道题，有什么不同呢？	闯关游戏设计，符合三年级学生的年龄特点，奥运冠军的加入更加调动学生学习的积极性，闯关集奥运邮票活动有趣，又有意义，孩子们

		教学过程	
教学流程	数学文化元素	教学活动	设计意图
探究新知	对比新知和旧知的练习，渗透运用对比，发现解决问题方法的异同。 学生经历"猜想—验证"的学习过程，培养学生运用"猜想验证"的数学思想方法解决问题的能力。	是的，0很特殊，它不能放在十位。 请你们将自己的想法写在草稿本上。 请看大屏幕，这是老师收集的几位小朋友的写法，谁能说一说他们用的是什么方法呢？ 你说得可真清楚！ 闯关完成，恭喜小朋友们，获得这枚宝贵的纪念邮票！ 第二关：国家速滑馆 第二关，他们来到了本次冬奥会的国家速滑馆，我们来看看这一关他们碰到了什么问题呢？ 1.大屏幕出示例1。 用0、1、3、5能组成多少个没有重复数字的两位数？ 谁能来大声读一下题目？读完题，对比刚才解决的两道题，你有什么发现？ 你不仅看出了数字个数不同，还想到所运用的方法相同，你真是个仔细观察、善于动脑的孩子。 猜一猜，用这四个数能组成多少个没有重复数字的两位数呢？ 那他猜得对不对呢？我们要动手写一写，把它们列举出来，然后进行验证。 2.动手操作、合作探究。 在动手之前我们先看看合作要求，一起来看大屏幕。 （出示操作要求） （1）先独立完成，想一想自己用的是什么方法。 （2）前后四人一小组，说一说自己的方法。 谁能大声读一读要求？你的声音真洪亮！ 说干就干，那就开始吧。 3.汇报展示、分类讨论。 师：老师收集了这几位同学的作品。大家一起来看看。	乐于参与。同时通过闯关进行复习，这里进行第一次对比，唤醒学生的旧知，了解这类问题的相同点和不同点，为新知的学习做好铺垫，渗透对比的数学方法。 本环节在帮助学生理解题意之后，先让学生猜一猜，培养学生运用"猜想验证"的数学思想方法解决问题的能力。紧接着提出合作要求，放手让学生通过写一写，将自己的思考过程表达出来，学生进行合作探究，使课堂活动更加有效。学生独立思考后进行小组交流，学生的学习方式多样化，学生的主体地位得到充分体现。

第三章 课堂教学革命与数学文化的对话

		教学过程	
教学流程	数学文化元素	教学活动	设计意图
探究新知	展示学生作品，学生汇报思考过程，培养学生用数学语言正确表达自己的想法的能力。	预设 作品1：呈现无序作品，有重复 作品2：混乱且有遗漏 作品3：按顺序排列 对比这三个作品，你有什么发现？ 怎样才能做到不重复、不遗漏呢？ 我们只有按照一定的顺序进行排列，才能不重复、不遗漏。 作品4：10、30、50、31、51、13、53、15、35（固定个位法） 作品5：10、13、15、30、31、35、50、51、53（固定十位法） 作品6：10、30、50、31、13、35、51、15、53（交换位置法） 仔细观察这三个作品，你能看出他们都用了什么方法吗？ 对比三种方法，你更喜欢哪一种？为什么？ 在解决这个问题的时候这三种方法都是正确的，其中0的出现，提示我们对十位有限制，所以固定十位法的运用，让结果的得出更加快速且有序。 老师还收集到这种方法，看大屏幕，谁能看懂他的想法？ 大屏出示：$3 \times 3 = 9$（种） 你们的表达真的很清晰，声音又洪亮！ 由于0不能放十位，所以1、3、5这三个数字每个数字均有三种搭配方式，用算式表示就是$3 \times 3 = 9$。所以一共可以组成9个不同数字的两位数。闯关完成，恭喜小朋友们，获得这枚宝贵的场馆纪念邮票。	本环节教师将学生的作品进行展示，针对出现的不同情况引导学生进行观察、对比、交流，这里有学生之间的交流，也有师生之间的交流，在交流中碰撞出思想的火花，不仅注重解决问题方法多样化的渗透，更加注意解决问题最优化的提炼。将学生的思维由具体上升到抽象的高度。

教学过程			
教学流程	数学文化元素	教学活动	设计意图
巩固练习	这里运用对比，将例1和练习放在一起，让学生通过观察思考，解决两个问题有什么不同，从而总结出在解决问题时需要灵活选择合适的方法。 用文字、字母、数字表示人物，培养学生的符号意识，优化表示方法，凸显数学的简洁美。这里凸显了数学建模、数形结合的数学思想方法，培养学生在思考问题时要做到全面、有序。	第三关：冰立方 我们一起来看看第三关的问题： 用7、2、4、6组成没有重复数字的两位数，能组成多少个个位是单数的两位数？ 谁来读一读题目？ 读完题，你觉得这题的关键信息是什么？ 对，这里的关键信息是"没有重复数字的两位数""个位是单数"。 先独立完成，再和同桌交流你的想法。 我们一起来看这几个小朋友的想法，对比这几种方法，你喜欢哪种方法？为什么？ 是的，这个问题对个位有限制：要求个位是单数，所以在思考的时候将个位固定好，再进行搭配，可以更加便捷、快速。 回顾对比这两个问题的解决过程，你有什么发现？ 对！例1对十位有限制，利用固定十位法合适一些，第二个问题对个位有约束，选择固定个位法更快速，看来我们在解决问题时要看对谁有要求，灵活选择解决方法。 大家齐心协力闯过三关，你们真厉害！我们又获得一枚纪念邮票！ 第四关：鸟巢 瞧，冰墩墩和雪容融也来到了我们的课堂上，它们各带来一道挑战题，让我们一起来看看。 出示两道练习题。 对比两个问题有什么不同？ 看来你已经理解题目含义，你想选择哪个问题解决？ 请小朋友们选择其中一道，独立完成。 我们先来看第一个问题。	这是一道根据例1改编的变式练习，在巩固的基础上又有所变化。这里是对个位上的数字进行了限制，学生先独立完成，后与同桌交流自己的想法，最后教师引导学生对比例1和练习，解决两个问题有什么不同，从而总结出在解决问题时需要灵活选择合适的方法。

教学过程			
教学流程	数学文化元素	教学活动	设计意图
巩固练习		(1)冰墩墩、雪容融、谷爱凌和王濛4人拍照。如果冰墩墩的位置不变，其他人可以任意换位置，一共有多少种换法？ ①雪 冰 王 谷 ②雪 冰 谷 王 ③王 冰 雪 谷 ④王 冰 谷 雪 ⑤谷 冰 王 雪 ⑥谷 冰 雪 王 作品1 (1)冰墩墩、雪容融、谷爱凌和王濛4人拍照。如果冰墩墩的位置不变，其他人可以任意换位置，一共有多少种换法？ ②③④ ①②④③ ③②④① ④②③① ④②③① ④②③① 作品2 (1)冰墩墩、雪容融、谷爱凌和王濛4人拍照。如果冰墩墩的位置不变，其他人可以任意换位置，一共有多少种换法？ A B C D ABCD ABDC CBAD CBDA DBAC DBCA 作品3 对比这三种方法，你有什么想说的？ 对，你可真会观察！我们数学上解决问题提倡简洁美。谁能说一说他们是怎样思考的呢？ 你表达得可真清晰，真像一位小老师！ 我们一起来看看这个小朋友的第二种写法。	这是一个有两个不同问题的选择性解决问题，学生可以根据自己的情况选一个问题解决。这两题设置的难度是递进的，第一问是在例1的基础上提升难度，从2个位置的排列上升到3个位置的排列，最后上升到4个位置的排列。引导学生在掌握方法的基础上，将自己的思考过程正确地表达出来。这里也凸显了建模、数形结合的数学思想方法，培养学生在思考问题时要做到全面、有序。

		教学过程	
教学流程	数学文化元素	教学活动	设计意图
巩固练习		这个写得密密麻麻的，谁能用自己的话清楚地给大家解释一下？ 谁听明白了他的解释？再来说一说。 这两个问题，第二个问题可以在第一个问题的基础上完成，将每个人都看作冰墩墩，再将剩余的3人进行排列。 小朋友们，你们和奥运冠军闯过重重难关，最终获得她们想要的所有北京冬奥会纪念邮票，你们可真了不起！	
拓展延伸	播放数学史的知识，渗透数学文化。	1.这节课你有什么新的收获？ 2.播放《排列组合的由来》视频，介绍今天学习的问题是数学中的排列问题。 看完视频你有什么感受？ 是啊！数学知识博大精深，希望你们能保持对数学的兴趣，不断学习知识。	让学生说一说学习完本节课之后的感受，培养学生的语言表达能力，总结提炼这节课的教学重点和难点，视频的播放，对本节课的教学内容进行提炼、升华。

教学评价：
1.本节课利用2022年北京冬奥会视频引入，让学生在视频中找与搭配相关的数学知识，使学生感受到数学知识在生活中无处不在。接着奥运冠军的出现，和学生一起闯关，激发学生的学习热情，培养学生的爱国热情和民族自豪感。

第三章 课堂教学革命与数学文化的对话

2.首先复习旧知，教师利用对比，对0的出现进行具体分析，强调0的出现在解决问题时的不同。接着教学新知，在旧知的基础上先让学生猜想，再进行验证，在验证环节先由学生独立思考，接着学生之间交流想法，在汇报环节，展示学生作品，学生用文字、数字、字母表示冰墩墩、雪容融、王濛、谷爱凌的名字，培养学生的符号意识和感受数学的简洁美。在师生讨论环节，培养学生运用数学语言表达想法的能力，又培养学生利用"猜想验证"解决问题的能力。这里同样有对比的数学思想方法的渗透。

3.巩固环节，先让学生独立解决问题，再将解决此类问题和例1问题的方法进行对比，从而使学生在对比中理解，方法的选择要根据问题和条件，从而对解决问题的方法进行优化，渗透优化的数学思想方法。解决第二个问题，学生可以根据自己的兴趣，选择性地解决问题，最后在对比中，学生发现第二个问题可以在第一个问题的基础上完成，将每个人都看作冰墩墩，再将剩余的3人进行排列。同时渗透建模的数学思想方法。

4.总结环节，学生回顾整个学习过程，运用自己的语言总结所学知识，培养学生的语言表达能力。数学史视频的播放，渗透数学文化。

整节课多次运用类比思想、数形结合思想帮助学生建立数学模型，在教学中鼓励学生多用自己的语言表达，培养学生用数学语言表达的能力。数学表达简洁美、优化思想的渗透，数学史知识的渗透，数学文化的渗透非常浓厚。

二、会用数学的思维思考现实世界

数学为人们提供了一种理解与解释现实世界的思考方式。通过数学的思维，可以揭示客观事物的本质属性，建立数学对象之间、数学与现实世界之间的逻辑联系；能够根据已知事实或原理，合乎逻辑地推出结论，构建数学的逻辑体系；能够运用符号运算、形式推理等数学方法，分析、解决数学问题和实际问题；能够通过计算思维将各种信息约简和形式化，进行问题求解与系统设计，形成重论据、有条理、合乎逻辑的思维品质，培养科学态度与理性精神。

【教学案例】"找次品"

课题：找次品	设计者：赵丽娟	单位：芜湖市北塘小学
教学内容：人教版数学五年级下册第八单元"数学广角"		
教学目标： 1.让学生感受到数学在日常生活中的广泛应用，尝试用数学的方法来解决实际生活中的简单问题，初步培养学生的应用意识和解决实际问题的能力。 2.让学生经历观察、猜测、试验、推理等数学思维过程，体会解决这类问题策略的多样性及运用优化的方法解决问题的有效性。 3.培养学生的合作意识和探究兴趣。		

教学重难点：

教学重点：让学生经历观察、猜测、试验、推理的活动过程，体会解决问题策略的多样性及运用优化的方法解决问题的有效性。

教学难点：观察归纳"找次品"这类问题的最优策略。

教学准备：多媒体课件，学生四人一组，每组准备模拟天平学具一个、圆形学具若干个。

		教学过程	
教学流程	数学文化元素	教学活动	设计意图
导入新课	将数学与生活紧密联系，引导学生感受数学的应用价值。	1.师：人类总在不断地进步和发展，可是也曾发生过这样的事情。 （课件播放有关次品的视频） 师：在刚才的视频中，你们看到些什么？ 学生自由回答。 师：生活中有的产品外观不合格，有的产品成分不合格，还有的产品轻重不合格。我们把这些不合格的产品统称为"次品"。（板贴课题） 师：次品虽小，危害却大。今天，咱们就一起去找轻重不合格的次品。（板贴课题：找） 问：要想找轻重不合格的次品，我们要用到什么工具？（天平） 2.比尔·盖茨有关81个玻璃球的问题。 （课件出示比尔·盖茨招聘的问题） 比尔·盖茨 微软公司 创始人 有81个玻璃球，其中有一个球比其他的球稍重，如果只能利用没有砝码的天平来测量，至少要称多少次，才能保证找出来呢？	利用课件，紧密联系生活，让学生了解生产、生活中的次品种类，感受次品给人们带来的危害；同时激发学生的学习兴趣，自然引入新课。 利用课件出示比尔·盖茨招聘的问题，极大地激发起学生的学习兴趣；同时为整节课要体现的优化思想做好铺垫。

		教学过程	
教学流程	数学文化元素	教学活动	设计意图
导入新课	让学生初步感受化繁为简的数学思想方法。	让学生自由猜测称的次数。 师：同学们猜的结果各不相同，可能是数量太大了。数学中有种方法叫作"化繁为简"，让我们从数量较小的开始研究吧！ 问：你想从几个球开始研究？	
探究新知	引导学生透过现象发现数学的本质。	（一）集体研究 1.研究2个球。 师：我们先来研究2个玻璃球，其中有一个球比正常的球稍重，如果只能利用没有砝码的天平来测量，怎样可以找出次品呢？ 学生叙述称球的过程。（课件演示） 问：如果次品比正常的球稍轻呢? 师：无论次品是轻还是重，研究的方法是一样的。那么在接下来的研究中，我们就假设次品都是稍重的。 2.讨论3个球的问题。 师：如果增加一个球，3个球，至少称几次可以保证找出次品呢？ 学生叙述称球的过程。	通过课件的直观演示，形象地让学生明白天平的基本原理：如果天平平衡，说明两边物品的质量相等；如果天平不平衡，下沉的一边为稍重的物品，上翘的一边为稍轻的物品。

		教学过程	
教学流程	数学文化元素	教学活动	设计意图
探究新知	渗透化归的思想方法。	这儿有3个玻璃球，其中有一个球比其他两个球稍重，如果只能利用没有砝码的天平来测量，至少要称多少次才能保证找出来呢？ 3 1 1 1 1次 师：次品可能是这3个1中的任意一份，但无论哪一个是次品，都只需要一次就可以保证找出次品。 师将探究结果填入记录表中。 （二）动手探究 1.动手探究4个球。 师：如果再增加一个球，4个球，一次可以保证找出次品吗？ 学生自由回答。 师：咱们还是动手去探究吧。 （课件出示小组活动要求） 小组活动要求： 1.四人一组，用棋子代替玻璃球，用尺子代替天平，摆一摆。 2.边摆边说： ①4个球被分成了几份？每份几个？ ②如果天平平衡，次品在哪里？ 如果天平不平衡，次品又在哪里？ ③我们的研究结果：4个球，至少（　　）次可以保证找出次品。 学生分组探究。 学生上实物展台汇报，师追问：你既做到了"至少"，也做到了"保证"吗？ 教师根据学生的汇报板书树状图。 师问：4个球分成两份，每份是2个球。2个球可以不分了吗？（引导学生利用前面已经研究过的结果直接记录，无须再分）	此环节利用课件的直观演示，一方面是让学生理解3个球只需称一次即可找出次品，为后面更多数量的研究做好铺垫；另一方面让学生理解在称球时，实际上是把所有的球分成3份，天平左盘一份，天平右盘一份，待测物品一份。另外，此环节还渗透了树状图知识。 此环节通过学生在实物展台上的演示，一是让学生理解测量方法的多样性；二是让学生在实际操作中理解"至少"和"保证"的含义；三是让学生明确一次最多能保证在3个球中找出次品。

第二章 课堂教学革命与数学文化的对话

	教学过程		
教学流程	数学文化元素	教学活动	设计意图
探究新知		师小结：4个球，有两种不同的测量方法，但测量的结果都是一样的，至少需要2次才能保证找出次品。 把结果记录在表格中。 问：如果只测量一次，最多可以保证在几个球中找出次品？ 2.动手探究9个球。 师：如果球的个数再多一些，如9个，至少需要几次才能保证找出次品呢？ 师：球的个数增加了，测量的方法可能更多了，但研究的方法还是一样的，仍然请同学们动手分一分。 （课件出示小组活动要求） 学生在实物展台上汇报9个球的测量方法，师板书在黑板上。 学生可能出现的方法： 9（2次）　　　　9（3次） 3　3　3（1次）　1　4　4（2次） 引导学生观察、比较板书：哪种方法符合题意？ （课件演示最符合题意的分法） 问：为什么把9个球分成（3，3，3）之后，只要2次就可以找出次品呢？	先让学生在实物展台上汇报不同的测量方法，再用课件演示最符合题意的分法，这样的环节是为了让学生经历从多样化过渡到优化的思维过程。 利用学生对9个球测量方法的探索，让学生感受到每份分出的数量不能超过3，从而突出教学重点，突破教学难点。

<table>
<tr><td colspan="4" align="center">教学过程</td></tr>
<tr><td>教学流程</td><td>数学文化元素</td><td>教学活动</td><td>设计意图</td></tr>
<tr>
<td rowspan="2">探究新知</td>
<td>引导学生进行对比，发现最优的方法及其根本原因。</td>
<td>引导学生发现：问题的关键在于每份分出的数量。第一种方法有两份分出的数量是4，4个球需要2次才能找出次品，9个球就需要3次才能保证找出次品；但第二种分法每份分出的数量是3，次品一定在某一份的3个球里，不管是哪一份，3个球只需要一次就可以找出次品来，所以9个球只需要2次就可以保证找出次品。
师小结：如果球的数量在9以内，要想既做到"至少"，也做到"保证"，每份分出的数量就不能超过3。
（三）画图验证
1.5～8个球的研究。
师：4个球需要2次可以保证找出次品，9个球也只需要2次就能保证找出次品，那么大胆猜测一下，在4与9之间的5、6、7、8个球至少需要几次就能保证找出次品呢？
学生猜测。
师：请同学们像老师这样画图来验证。
学生自由画图分析，然后汇报。
（在课件中将研究结果填入表格中）
2.师：10个球，称2次还能保证找出次品吗？</td>
<td>引导学生逐步脱离具体的实物操作，转而采用较为抽象的分析，实现从具体到抽象的过程。
另外，在整个探究过程中，利用多媒体课件的优势，随时将研究结果填入课件右边的表格中，为建立这类"次品"的模型打下基础。
通过提问，激发矛盾，引发学生新的探究热情。</td>
</tr>
<tr>
<td>从动手操作过渡到画图验证，提升学生的思维能力。

引导学生推理、建立模型。</td>
<td>请学生试着自己画图分一分，然后汇报。（引导学生发现：10个球至少需要称3次，因为无论怎么分，肯定有一份超过3个球）
师将结果填入记录表中。
问：2次最多可以在几个球中找出次品？（9个）为什么？（利用板书中的树状图让学生明白每份最多3个，3个3就是9）
问：20个球至少几次可以找出次品？
（四）推理猜想
1.根据板书初建模型。
师：3次最多可以在多少个球中找出次品呢？（引导学生根据板书推想，发现每份最多放9个，3份就是3个9，即3×3×3=27个）</td>
<td>再次让学生感受解决问题策略的多样性及运用优化的方法解决问题的有效性。

首尾呼应，让学生感受到运用优化的方法解决问题的有效性。</td>
</tr>
</table>

第二章　课堂教学革命与数学文化的对话

	教学过程		
教学流程	数学文化元素	教学活动	设计意图
探究新知	通过表格，引导学生发现数字之间的规律，从而发现测量次数与最多可测物品个数之间的关系。	问：4次最多能在多少个球中找出次品？（每份最多27个，3份就是3个27，即 $3 \times 3 \times 3 \times 3 = 81$，最多81个） （在课件中将研究结果填入表格中） 呼应前面的比尔·盖茨的问题。 师：如果测量的次数更多，每份可分的数量也就更多，就可以在更多的物品中找出次品。 2.利用表格建立模型。 师：我们来仔细观察记录表。 （1）2个球、3个球都需要1次就可以保证找出次品，那么1次最多可以在几个球中找出次品？ （2）4～9个球都需要2次才可以保证找出次品，那么2次最多可以在几个球中找出次品？（引导学生发现3个3） （3）数量在10～27的球需要几次可以保证找出次品呢？3次最多可以保证在几个球中找出次品？（引导学生说出3个9，或3个3相乘） （4）28个球至少几次可以保证找出次品？4次最多可以保证在多少个球中找出次品？ （5）82个球呢？5次最多可以保证在多少个球中找出次品？5次可辨别的物品的数量从多少到多少？ （6）6次最多可以保证在多少个球中找出次品？ （7）如果测量的次数更多呢？ 师：以此类推，测量的次数增加，可保证在更多的球中找出一个次品来。 3.快速抢答。 问：50个球至少需要几次可以找出次品？200个球呢？ 4.师引导生发现1次最多可测1个3，2次最多可测球的个数是2个3相乘，3次最多可测球的个数是3个3相乘…… 师小结：测量几次最多可测球的个数就是几个3相乘。	利用多媒体课件的直观演示，引导学生发现测量次数与最多可测物品个数之间的关系，从而建立起这类"次品"的模型。 课件的直观演示，可以形象地帮助学生发现规律，建立模型。 让学生真正做到学以致用。

	教学过程		
教学流程	数学文化元素	教学活动	设计意图
巩固练习		师：100个球至少几次才能保证找出次品？（引导学生发现100在3个3相乘和5个3相乘之间，需要5次） 同桌互相提问、回答。	
总结提升	揭示本节课的主要内涵，凸显"优化"的思想。	师：这节课快要结束了，你们有什么想说的、想问的吗？ 师：我们所探究出的找次品的方法其实和以前所探究的烙饼问题、等候问题、田忌赛马问题等一样，都是最优化的问题。 （视频介绍华罗庚的"优选法"） 生活中解决问题的方法很多，如果你发现了解决问题的最佳策略，那么解决问题时一定能够事半功倍。	将找次品问题升华为优化问题，让学生深刻感受到数学的价值。

教学评价：

正如本节课的结束语所言，等候、烙饼、找次品都是生活中经常遇到的问题，如果用数学的思维去思考问题，常常会有事半功倍的效果。本节课就是以"找次品"这一操作活动为载体，让学生通过观察、猜测、试验等方式感受解决问题策略的多样性；通过归纳、推理的方法渗透优化思想，让学生体会运用优化策略解决问题的有效性；最后渗透数学文化则是让学生充分感受到学习数学的价值和数学的魅力。

1.本节课以"找次品"这一操作活动为载体，让学生通过观察、猜测、试验等方式感受解决问题策略的多样性，在此基础上，通过归纳、推理的方法渗透优化思想，让学生体会运用优化策略解决问题的有效性，感受到数学的魅力。

2.在课堂教学中，在让学生充分地自主探究数目较少的球的找次品方法后，引导学生利用两次推理来建立起"找次品方法"的模型。在教学中先是利用板书层层递推，这既是对前面知识的总结应用，也是初建模型。第二次推理是列表推理。通过观察，教师引导学生发现测量次数与最多可测物品个数之间的关系，从而建立起这类"次品"的模型。

3.渗透数学思想方法。"找次品"这节课中蕴含着丰富的数学思想方法。例如：抽象思想（借助抽象的数学化形式的天平不断地进行想象）、化繁为简思想（用81个球引入，从2个球开始探究）、推理思想（如果天平平衡，那么……如果天平不平衡，那么……）、转化思想（利用已经研究出的结论进行更多球的研究）、优化思想（在不同的"找次品问题"方案的对比分析中找到最优方案）。整节课中学生不断积累活动经验，丰富解决问题的优化策略，学会数学的思维。

4.紧密联系生活实际。教师利用课件播放了有关次品的视频，让学生了解生产、生活中的次品种类，感受次品给我们带来的危害。

5.整节课学生都表现出极大的学习热情。他们主动地投入课堂教学活动中，大胆猜测、动手实践、合理推理、建立模型，运用多种方式充分感受解决问题策略的多样性和运用优化策略解决问题的有效性，从而真正感受数学的魅力。

（此篇课例于2010年5月在全国小学数学经验交流会上公开执教）

第三章　课堂教学革命与数学文化的对话

【教学案例】"有趣的七桥问题——一笔画"

课题：有趣的七桥问题——一笔画	设计者：刘琳	单位：芜湖市镜湖小学

教学内容：人教版小学数学六年级下册第103页"你知道吗？"

教学目标：

1.学生通过探究，了解"奇点""偶点"与线之间的关系，对图形中的点、线有进一步的认识，掌握"一笔画"的规律。

2.经历从实际问题到抽象数学问题的过程，建立数学模型，解决问题。

3.通过"一笔画"的数学问题，激发学生学习兴趣，培养学生探究的学习方法。

教学重难点：

教学重点：运用"一笔画"的规律，快速正确地解决问题。

教学难点：探究发现"一笔画"的规律。

教学准备：课件、作业纸。

教学过程

教学流程	数学文化元素	教学活动	设计意图
导入新课	通过观看数学故事，了解数学与生活的联系。	（一）谈话导入，激发兴趣 师：同学们，你们听过"七桥问题"这个数学故事吗？ 师：那我们先看一个小视频来了解一下吧。 （播放视频动画）	通过谈话，激发学生求知的欲望。 播放小视频，让学生对"七桥问题"有简单的了解。
探究新知	将实际情境转化为图形，引出"一笔画"问题，体现了数学来源于生活，让学生用数学的眼光去观察生活，培养学生的数学感。	（二）提出问题，探究方法 1.了解"一笔画"。 师：这个"七桥问题"可真有趣，到底有没有一次性不重复走完七座桥的路线呢？刚才视频中说，数学家欧拉把"七桥问题"转化成了"一笔画"问题。（出示图） 师：他是这样想的，把两个岛屿和陆地分别看成点A、B、C、D，所走的七座桥用线表示，这样就构成了一个简单图形，如果这个图形能一笔画成，那么七桥问题也就解决了。看来想解决"七桥问题"得先解决"一笔画"问题。	将具体的"七桥问题"转化成点和线，抽象成图形的问题，激发学生探究的欲望。

	教学过程		
教学流程	数学文化元素	教学活动	设计意图
探究新知	此处运用分类的思想，将具有同一特征的图形分为一类，便于分析研究。	师：你们画过一笔画吗？我们再来看一个小视频了解一下吧。（播放视频） 2.认识不连通图和连通图。 （出示图） 师：同学们已经了解了一笔画的含义，下面老师考考你们。在这些图形当中，如果不让你动笔画，你能马上就找出哪些图形不能一笔画成吗？和同桌互相说一说。 师：你找到了吗？ 生：我找到了2号、8号图不能一笔画成。（凸显不能一笔画的图） 师：为什么呢？ 生：图中的各部分因为没有连在一起，所以肯定不能一笔画成。 师：这位同学观察得非常仔细，也都找对了。我们把这样的图形叫作"不连通图"（板贴）。不连通图是肯定不能一笔画成的。 师：那剩下的这些图形你能给它们起个名字吗？（连通图） 师：连通图是不是都能一笔画成呢？请拿出作业纸，在这些图形上先自己试着画一画吧。 师：画完了吗？你有什么发现？ 生汇报哪些图形能一笔画成，哪些不能。 师：那我们就把这些图形分为两类，能一笔画的一类，不能一笔画的一类。（图形分类） 师：都是连通图，为什么有的能一笔画成，有的不能一笔画成？你觉得和图中的什么有关呢？ 生猜测：可能和图中的点或者线有关。	通过视频演示，学生快速理解了一笔画的含义。 通过对图形的分析，学生快速地了解了某些不能一笔画的图形（不连通图）的特征。 让学生独立探究连通图是否可以一笔画成。通过将这些图形分类，继续研究能一笔画成和不能一笔画成的图与图中的什么特征有关联。

	教学过程		
教学流程	数学文化元素	教学活动	设计意图
探究新知		（三）操作探究，总结规律 1.认识奇点、偶点。 （出示图）师：我们以9号图为例，图案都是由点和线组成的，你知道这幅图中有几个点吗？（生数点） 师：为了不漏数点，也为了方便描述，我们给这些点分别标上字母。每个点都连接了不同数量的线。数一数，A点连接了几条线？C点呢？在数学上，和奇数条线相连的点称为"奇点"（板贴）；再看B点、D点和E点分别与几条线相连？和它们相连的线数有偶数条，所以它们是"偶点"（板贴）。 师：这幅图中有几个奇点，几个偶点？（2个奇点，3个偶点）。这幅图可不可以一笔画成呢？我们一起来画画看。（可以） 和奇数条线相连的点，称为"奇点" 和偶数条线相连的点，称为"偶点" 2.探究一笔画的规律。 （1）（出示多幅图片）师：在刚才你们找出的能一笔画成的这些图中，你们能找出哪些是奇点，哪些是偶点吗？每幅图的奇点和偶点个数各有多少个？请四人一组，讨论完成作业纸上的表格。（学生合作完成）	将连接点标上字母，再数一数与这个连接点相连的线段数量，帮助学生更清晰地理解"奇点"和"偶点"的含义。 通过小组讨论、交流，探究每幅图的奇点和偶点个数各有多少个，是否能一笔画成，用列表法完成对图形的分析。

教学过程			
教学流程	数学文化元素	教学活动	设计意图
探究新知		师：填完了吗？请一个小组的代表来汇报一下讨论、填写的结果。（一生上台汇报，其他组可以补充）　师：仔细观察这张表，和同桌讨论：连通图在什么情况下能一笔画成，什么情况下不能一笔画成呢？　生讨论、汇报。　总结：当奇点的个数是0或2的时候可以一笔画成，当奇点的个数超过了2个就不能一笔画成。　　（2）师：我们把能一笔画成的图形再分为两类，奇点的个数是0的为一类，奇点的个数是2的为一类。想一想它们分别是从哪里开始画，到哪里结束的？请在作业纸上试着画一画。	对数据进行分析，从而得出结论。　通过再次分类，继续研究能一笔画成的图形的起笔点和结束点。　通过学生的演示，总结出一笔画图形的画图规律。

教学过程

教学流程	数学文化元素	教学活动	设计意图
探究新知	通过观察、比较、讨论，学生建立了能一笔画的两种情况的数学模型。	 生独立探究画法。 师：谁来介绍一下你画的是哪幅图，是从哪个点开始画，又到哪个点结束的？ 请同学到大屏幕上演示。 师：通过这几位同学的介绍，你们有什么发现？ 生讨论、汇报。 总结：当奇点个数是0的时候，从任意一点出发，一笔画成，终点回到起点的位置；当奇点个数是2的时候，从其中的一个奇点出发，一笔画成，到另一个奇点结束。	
回顾总结	介绍数学家欧拉，让学生学习欧拉善于思考和钻研的良好品质。	（四）回顾总结，文化渗透 1.全课总结。 师：我们在一次又一次的分类活动中，发现了一笔画的规律。 师：用你发现的规律，想一想课前的"七桥问题"，能否不重复地走完七座桥呢？ 生：因为奇点数是4个，所以不能一次性不重复地走完七座桥。 师：原来人们费尽脑筋要寻找的那条不重复的路线根本就不存在。一个难倒了那么多人的问题，通过数学家欧拉的研究得出了这么一个答案，你有什么想说的吗？	让学生用发现的规律自己解决"七桥问题"，培养学生解决问题的能力，同时增强学习数学的信心。 播放数学家欧拉的介绍视频，拓宽学生的视野，激发学生对数学的热爱。

		教学过程	
教学 流程	数学文化元素	教学活动	设计意图
回 顾 总 结		2.观看视频，认识欧拉。 师：欧拉真的是一位非常伟大的数学家，接下来，让我们通过一段小视频来认识一下这位数学家吧。	
拓 展 延 伸		（五）拓展延伸，自主命题 师：学习了今天的知识，你能不能自己设计一些图形，在课后和同学交换，先判断能不能一笔画成，如果能，再试试怎样一笔画成。 师：今天的课就上到这里。	让学生根据今天学习的知识，自己出题，再给同学完成，既有趣味性，又能调动学生的积极性，培养学生应用知识的能力。

教学评价：

1.取材名题，体现数学的价值。

本节课的内容取材于教材上的"你知道吗？"，虽然仅仅是一小段文字的介绍，但学生却对这个问题充满了好奇。这是数学史上的一道非常著名的题目，上课开始，教师开门见山地提问：你们听过"七桥问题"吗？然后播放视频，配上生动的解说，让学生了解"七桥问题"的由来，再引出数学家欧拉将七桥的实际情景转化为一笔画问题，这是"七桥问题"的引入，使学生知道了一笔画产生的渊源。随之，学生产生了解决这个数学问题的需求，激发起强烈的探究欲望，也深切地体会到在实际生活的平常事件中，却蕴含着深刻的数学问题，同时非常自然地将数学与美学、建筑学结合起来，体现出数学在现实生活中存在的价值。

2.自主探究，建立数学模型。

在探究的过程中，教师提供一些图形，让学生通过一系列分类、填表、画图的操作，在不断的探究中，发现一笔画问题的规律。教师指出：欧拉在解决这个问题时，构造了一个简单而有效的几何模型，这就是数学模型方法。教师让学生体会，将复杂的实际问题抽象成点线构成的图形，研究图形的特征，从而建立数学模型解决问题，非常方便，从而让学生看到数学的文化功能。

3.人物介绍，感受数学文化。

数学文化的内涵不仅表现在知识本身，还寓于它的历史。教师将数学史引入课堂，如讲述符号的历史介绍，某一个数学问题解决的艰辛历程，介绍数学家的故事或名言等，在课堂中将数学史的一些知识向学生做恰当的呈现，让学生在数学史料中体悟数学的悠远和魅力。在课的尾声中，教师向学生介绍欧拉对于"七桥问题"的解决，让学生进一步了解"七桥问题"在数学发展中的地位和作用，使学生的视野在时空上有了更广阔的延伸，同时介绍数学家欧拉的生平以及小时候的趣闻逸事，让学生走近欧拉，由衷地产生对这位数学家的崇拜之情。

三、会用数学的语言表达现实世界

数学为人们提供了一种描述与交流现实世界的表达方式。人们通过数学的语言，可以简约、精确地描述自然现象、科学情境和日常生活中的数量关系与空间形式；能够在现实生活与其他学科中构建普通的数学模型，表达和解决问题；能够理解数据的意义与价值，会用数据的分析结果解释和预测不确定现象，形成合理的判断或决策；形成数学的表达与交流能力，发展应用意识与实践能力。

【教学案例】"重叠问题"

课题：重叠问题	设计者：陈安娜	单位：芜湖市北塘小学

教学内容：人教版数学三年级下册第九单元"数学广角"

教学目标：
1.通过实例认识重叠现象，理解重叠意义；能用韦恩图解释生活中的现象。
2.通过解决实际问题，感受韦恩图在实际生活中的应用，探究重叠问题的解决方法。
3.在解决实际问题的过程中，感受数学与生活的关系，学会从数学角度思考问题。

教学重难点：
教学重点：经历韦恩图的产生过程，理解韦恩图的意义，学生会借助直观图，利用集合的思想方法解决简单的重叠问题。
教学难点：经历韦恩图的产生过程，理解韦恩图的意义。

教学准备：课件、结合教学内容的作业纸等。

		教学过程	
教学流程	数学文化元素	教学活动	设计意图
导入新课	在生活中体会数学的应用价值。 蕴含统计思想，培养"四能"。	（一）调查参与，揭示课题 你们喜欢看动画片吗？陈老师也很喜欢看动画片，我最喜欢看《熊出没》和《喜羊羊与灰太狼》这两部动画片。 你们看吗？喜欢看《熊出没》的请举手，喜欢看《喜羊羊与灰太狼》的请举手。这么多人喜欢看。我想邀请一组学生做个调查：喜欢看《熊出没》的请举手，喜欢看《喜羊羊与灰太娘》的请举手。 预设： （1）如统计人数与实际人数不同。 （2）如统计人数与实际人数相等。 …… 师：在数学中，我们将这种重复称为重叠。今天，我们便一起探究有关重叠的问题。 （板贴课题：重叠问题）	结合三年级学生的年龄特点，选用学生喜爱的动画素材进行导入，通过调查统计喜欢哪部动画片，引发矛盾冲突，揭示课题。

教学过程			
教学流程	数学文化元素	教学活动	设计意图
探究新知	培养学生有序的数学思想。	（二）经历探究，体验集合 1.情境创设，引发猜想。 师：今天羊村很热闹。究竟发生了什么新鲜事呢？咱们和熊大、熊二一起去看看吧！原来羊村新建了游乐场，这么多的游乐项目，熊大和熊二迫不及待地选了一通。 师：熊大和熊二想玩的项目有这么多，你们知道它们共选择了多少种项目吗？ 当学生说出任一种可能后，师追问：10怎么来的？有没有别的可能？ 师：刚才同学们说的对吗？ 师：仔细观察它们选择游玩的项目。你们有什么发现？同桌互相说说。 哪位同学能说说自己的发现？ 你们观察得真仔细，可是这样的表示方法找起来不方便，看起来很乱。让我们一起寻找出能清晰地表示出熊大和熊二选择的游乐项目的方法吧！ 2.探究体验，初识韦恩图。 师：在数学中，我们通常用一条封闭曲线直观地表示某类事物，称为集合圈。如果这个集合圈里表示的是熊大选择的游玩项目，可以将熊大选的游玩项目放进去，熊二选择的游玩项目可以放进去吗？ 那怎么办？ 为了区别，我们将表示熊二选择的游玩项目的集合圈换成红色。 师：下面我们进行一场男女生比赛，请大家先推选一名男生代表和一名女生代表。 接下来，请这两名同学将熊大和熊二选择的游玩项目整齐有序地拖进相应的集合圈里。比比谁完成得又快又好。 其他同学帮他们一起找，为他们加油。 师与两名学生交流： 师：我把5号、6号项目拖过来给他，你同意吗？	为了充分调动学生的探究兴趣，整合教材，利用学生喜闻乐见的形式内容改编了例题，创设了"熊大熊二逛羊村游乐场"的情境。 设问质疑，鼓励学生大胆猜测，引发矛盾冲突，发现重叠现象，激发探究兴趣。 让学生先猜想、再观察，教师及时呈现学生的发现，真正将白板的交互性落在教学实处。 充分培养学生自主探究、合作交流的意识。
	培养学生动手能力，发展质疑能力。		

第三章 课堂教学革命与数学文化的对话

教学过程				
教学流程	数学文化元素	教学活动		设计意图
探究新知	培养学生观察分析能力。 发展学生的数学语言总结表达能力。 通过Flash演示、录音介绍韦恩图的意义及其由来，帮助学生进一步了解数学知识的发展史，理解韦恩图。	同学们，你们有什么好办法来解决吗？ （预设：如果学生直接把集合圈重叠，师追问：为什么这样做？） 师：我们先把它们组合一下。怎么操作？ 请你们重新将项目整理好。 重叠的部分指什么？ 3.分析理解韦恩图各部分的含义。 教师：为了看清、了解这幅图，我们将它记录下来，仔细研究。 师：你们知道图中各部分表示什么意思吗？同桌互相说说。谁能说说看？ 预设： 学生介绍时，教师可以相应问有几个项目？也可以主动问"半月部分"表示什么？有几种项目？整幅图表示什么？ 生上台边指边依次回答： ①蓝色圈里表示熊大选择的。 ②红色圈里表示熊二选择的。 ③中间表示既是熊大选择的又是熊二选择的。 ④左边的"半月部分"表示熊大单独选择游玩的。 ⑤右边的"半月部分"表示熊二单独选择游玩的。 ⑥整幅图表示熊大和熊二一共选择了多少个游乐项目。 数学中把这样的图称为韦恩图。（板贴：韦恩图） 师：韦恩图用来研究数学中的重叠问题，重叠问题中蕴含的重要思想便是"集合思想"。（板贴：集合思想） 4.探究算法，归纳小结。 师：我们已经清楚了韦恩图各部分的含义，那你们能用列式的方法计算出熊大和熊二一共选择了多少种游玩项目吗？（板贴：题目） 请试着在作业纸上列式。		学生借助交互式白板，通过自主探究、师生互动、生生互动等多种方式经历"重叠现象的生成过程"，探究兴趣浓厚，形成高效课堂。

		教学过程	
教学流程	数学文化元素	教学活动	设计意图
探究新知	算法多样化，发展学生的数学思维。	学生在练习纸上列式，教师巡视。 教师指名学生在黑板上有序板书算式。 ①算法1：4+6-2=8（种）。 ②算法2：4+2+2=8（种）。 ③算法3：6+2=8（种）。 ④算法4：4+4=8（种）。 师：为什么"减2"？ 师：这里的4、2、2分别表示什么意思？ 师：还有其他算法吗？ 师：方法的多样化可以帮助我们更好地解决重叠问题。希望同学们能灵活运用学到的知识，让知识更好地服务于生活。	从对韦恩图的充分感知理解过渡到算法的引出，水到渠成，使绝大多数学生都能理解重叠问题的解决策略。
巩固练习	发展应用意识，体会数学与生活的联系。一段《熊之舞》动画视频既提高了学生兴趣，又蕴含了"生活中的重叠现象"。	（三）巩固内化，生活体验 同学们，我们和熊大、熊二一起解决了简单的重叠问题。两只熊很开心，特地编排了一支舞献给大家。我们一起来看看有没有今天的知识藏在里面吧！ 师：刚才这段《熊之舞》中，有没有今天的知识呢？ 教师评价：熊跳舞时，身体重叠在一起。光束追光的效果也呈现出重叠现象。 师：大家观察得很仔细，其实，我们的日常生活中充满着各式各样的重叠现象，关键需要你们有一双会发现的眼睛。现在咱们就和熊大、熊二一起去懒羊羊的超市，看看有没有需要解决的重叠问题。 1.分一分。 谁能向大家介绍一下这张图表达了什么意思？ 请两名同学到台上完成，其他同学在作业纸上完成。 师：完成了吗？跟大家汇报一下。和他们分得一样的请举手。你们真能干，既分得准确，又说得标准。	练习环节充分借助了白板的交互功能，遵循先易后难、层层递进的原则，既让学生充分体会到数学与生活的密切联系，又增加了练习兴趣，提高了学习效率。

第二章 课堂教学革命与数学文化的对话

		教学过程	
教学流程	数学文化元素	教学活动	设计意图
巩固练习		2.算一算。 师：超市这两天新进了文具。你们能帮懒羊羊算一算吗？新进文具的种类是多少？请大家在作业纸上列式计算。 师：为什么"减3"？ 指名学生板书。集体订正。 生：从总数中去掉重叠的部分，得到的就是实际种类。 教师评价：你真是个既善于观察又善于思考的孩子。	
拓展延伸	挖掘数学本质，拓展学生思维。	（四）拓展延伸，总结回顾 1.体验重叠的多样性。 师：时间过得很快，熊大和熊二该回家了。羊村长代表全村，送给它们每人一个大礼包。 师：两只熊一共收到多少种礼物呢？请在作业纸的反面试着画出你的想法。 谁能说说自己的想法？ 你觉得一共有多少种礼物？有没有礼物种类比他多的？你能上来演示一下吗？有没有礼物种类比他少的？请你演示一下。 想想有没有其他可能？ 生1：礼物没有重叠时，最多9种。4+5=9（种）。 生2：有1种礼物重叠时，共8种。4+5-1=8（种）。 生3：有2种礼物重叠时，共7种。4+5-2=7（种）。 生4：有3种礼物重叠时，共6种。4+5-3=6（种）。 生5：有4种礼物重叠时，共5种。4+5-4=5（种）。 礼物最多有几种？最少呢？ 生：最多9种，最少5种。 师：让我们回看一下刚才同学们的推理过程。 重叠时，可能重叠1种、2种，甚至更多，真正体现了重叠的多样性。	探究重叠的多样性，将新知升华，挖掘数学本质，拓展学生思维。

		教学过程	
教学流程	数学文化元素	教学活动	设计意图
拓展延伸	充分体会到数学与生活的密切联系，生活中处处有数学。	2.课堂总结回顾。 师：今天我们和熊大、熊二在羊村玩得很开心。它们收到了大礼包，你们有什么收获？ 3.生活中的重叠现象。 师：看来同学们的收获真不少，重叠现象在生活中无处不在。同学们，回顾上课开始我们进行的动画片小调查，你现在能用今天学到的知识来解释一下吗？ 生：有的只喜欢看《喜羊羊与灰太狼》，有的只喜欢看《熊出没》，有的既喜欢看《喜羊羊与灰太狼》又喜欢看《熊出没》。 你们知道重叠了几个人吗？看来大家已经能熟练解决遇到的简单的重叠问题了。谁还能说说生活中的重叠现象？ 大家说得都很棒。实际上，生活中的重叠现象有很多。在实际生产、生活中，我们还可以利用3个，甚至更多的集合圈来反映重叠现象。 老师也找到一些利用重叠现象做成的东西，我们一起来看看。你知道它们哪里蕴藏着重叠现象吗？你能计算出这种笔的重叠部分有多长吗？指名汇报。13+4-15=2（厘米）。 师：陈老师很高兴能和三（1）班的同学共同探究数学中的重叠问题。希望下次还有机会和大家共同探究数学王国中的其他奥秘。	让学生总结回顾本课所学的内容，有助于学生将知识系统巩固，完善知识结构。 借助交互式白板，让学生感知更多的不同类型的重叠现象，使学生充分体会到数学与生活的密切联系，生活中处处有数学。

教学评价：

本节课从具体表象出发，循序渐进，逐渐抽象，借用信息技术辅助功能，将重叠问题的生成过程自然呈现，有效突出教学重点，轻松突破教学难点，促进了学生对于概念的理解及应用。

1.历经不同阶段，促概念形成。

（1）游戏引入，初步体会"重叠"。

课的伊始，教师能结合三年级学生的年龄特点，在与学生的谈话中，逐步揭开"幕布"，选用学生喜爱的动画素材进行导入："喜欢《熊出没》有……人，喜欢《喜羊羊与灰太狼》有……人"，明确"有的人既喜欢《熊出没》又喜欢《喜羊羊与灰太狼》"，出现了"重叠"，引出课题，激发学生探究兴趣。随后，教师创设情境："熊大和熊二逛羊村游乐场"，鼓励学生大胆猜测：熊大和熊二一共选择了多少种游乐项目？再次体会"重叠"的可能。

第二章 课堂教学革命与数学文化的对话

（2）体验探究，初识韦恩图。

教学进入创作环节"怎样既能看出两只熊分别选择的项目，又能看出两只熊重叠的项目？"，引发学生思考。在学生展示作品的基础上，教师自然引出数学中的表示方法"集合圈"，通过改变集合圈属性中的颜色来区别不同的集合圈。接着，教师请男女生代表通过拖动项目名称，分别表示两只熊各自选择的项目，如熊大选择2、3、1、7、5、6，熊二选择5、6、4、9。在操作中，学生会发现5、6两个项目既是熊大选择的，又是熊二选择的，无法同时满足两个集合圈的要求，此处的矛盾冲突引发学生进一步思考，得出：只有将两个集合圈重叠，才能表示出两只熊都选择的游乐项目。在教学中，信息技术的使用完美地呈现了"将两个集合圈重叠"，重叠部分即为"两只熊都选择的游乐项目"。这个图就是著名的韦恩图。通过Flash演示、录音介绍韦恩图的意义及其由来，帮助学生进一步了解数学知识的发展史，理解韦恩图。

（3）深入研究，剖析韦恩图。

初识韦恩图后，教师进一步引导学生分析韦恩图，在学生汇报的基础上，运用信息技术的多种功能，强调每一部分的含义。比如，中间部分表示"两只熊都选择的游乐项目"，而整个红色的圈表示"熊二选择的游乐项目"。信息技术辅助功能突出强调效果，帮助学生更好地理解韦恩图，从而突破教学难点。

2.运用概念，体会数学思想方法的应用。

（1）算法多样化，体会集合思想。

教师提出"两只熊一共选择了多少种游乐项目？你能算出来吗？"，学生利用掌握的集合知识说出了四种算法：①4+2+2=8（种），②6+4-2=8（种），③6+2=8（种），④4+4=8（种），并且能用集合思想来说明各个算式的意义，这就说明学生对集合圈每一部分所表示的意义理解得非常透彻。

（2）巩固练习，内化集合思想。

一段《熊之舞》动画视频既提高了学生兴趣，又蕴含了"生活中的重叠现象"，在学生观察描述的基础上，教师提高要求，出示了巩固练习题。练习环节通过解决生活中的重叠问题，既让学生充分体会到数学与生活的密切联系，又增加了练习兴趣，提高了学习效率。

（3）拓展延伸，总结回顾。

本环节探究的"两只熊一共收到多少种礼物"，通过师生互动，让学生经历体验。教师随机演示学生提出的猜想：可能重叠1种礼物、可能重叠2种礼物等，体现"重叠现象的多种可能性"；借助信息技术重现学生推导过程，留住学生绽放的思维火花，充分体现学生是数学学习的主人，让学生在游戏中总结回顾。为了进一步激发学生探究不同类型重叠问题的兴趣和热情，教师为学生展示生活中的重叠现象，则是本课教学内容的升华。

（此课在第十一届"全国中小学信息技术创新与实践活动"教学实践评优中荣获全国一等奖）